SCRATCH

# 알기 쉬운 스크래치 C 코딩

에듀크라운
www.educrown.co.kr

크라운출판사
http://www.crownbook.com

# 알기 쉬운 스크래치,
# C코딩

# 머리말

모든 사물을 네트워크로 연결하고 심지어는 만물에 인터넷을 연결하여 사용하는 시대가 올 것으로 전망된다. 실제로 전 세계의 산업이 그러한 방향으로 발전하고 있는 시대로 나아가고 있다. 과거 하드웨어 개발자 따로, 소프트웨어 개발자 따로의 전문가를 요구하던 시대였다면 이제는 모든 사물이 IT의 융합으로 변형되고 있다. 소프트웨어가 어려워서 전문가들이 오랜 시간 공부해야 하고, 내가 사용할 소프트웨어를 내 맘대로 작성할 수 없던 답답한 시대에서 이제는 쉽고 재미있게 나만의 소프트웨어를 짤 수 있는 시대로 변화하고 있는 것이 세계적인 추세이다.

필자는 프로그래머이자 소프트웨어 교사로 30여 년 동안 공부하면서 고급언어 문법만을 익혀서는 프로그래머가 될 수 없다는 것을 알았다. 프로그래머가 되기 위해서 갖추어야 하는 사고력과 운영체제의 기본 원리, 알고리즘의 원리 등을 교재에 포함하여 이 교재를 학습함으로써 프로그램의 기본 개념을 익히도록 집필하였다. 또한, 우리나라는 초등학교, 중학교, 고등학교 때 집에서는 컴퓨터를 매우 많이 사용하지만, 실제로 컴퓨터의 체계적인 원리와 소프트웨어의 즐거움을 잘 학습하지 않고 대학생이 되어서야 컴퓨터의 기본 개념을 익히려고 한다. 따라서 소프트웨어를 작성하기 힘들어하는 모습을 많이 보게 되었다.

선진국과 소프트웨어 강국의 코딩 교육과 학습 실태를 살펴보면 외국의 대학생은 체계적으로 어렵지 않게 컴퓨팅 사고력을 갖출 수 있도록 공부함으로써 상당한 수준의 기본능력을 소유하게 되었고 우리나라 학생과 큰 수준 차이를 보였다. 우리나라도 이제는 더 이상 코딩 교육을 미룰 수 없어서 교육부에서 코딩 교육을 의무화하고 있다.

이 교재는 크게 세 부분으로 나누어 집필하였다.

첫째는 코딩에 관해 다루었다. 코딩이 무엇인지, 세계 여러 나라의 코딩 교육 형태와 우리나라의 코딩 교육의 현황 및 문제점, 코딩을 잘 하기 위해 배워야 하는 것, 코딩하기 전에 먼저 하여야 하는 것 등이다. 이 부분을 학습하다 보면 코딩은 단시간에 몇 번의 학습으로 완성되는 것이 아님을 알게 될 것이다. 꾸준히 생각하고 체계적으로 학습해 나가야 하는 분야임을 알게 될 것이다.

두 번째로 코딩에서 쉽고 재미있지만 아주 강력한 블록 코딩인 스크래치를 학습할 것이다. 마치 부분적으로 완성된 레고 블록과 같은 블록 코딩은 레고를 가지고 노는 아이들이 본인들의 상상력으로 조립해서 로봇도 만들고, 놀이기구도 만드는 것처럼 프로그램 언어의 기본 명령들을 블록으로 만들어 놓고 끼워서 여러 가지로 코딩하도록 만들어 놓은 것을 의미한다.

코딩이 처음인 사람들이 고급언어를 배우면 오류가 많이 발생하지만 블록 코딩으로 코딩을 하면 오류 없이 쉽게 본인이 만들고 싶은 애니메이션이나 게임, 학습에 필요한 자료, 간단한 업무용 자료를 만들 수 있다. 또한 오픈소스이므로 내 것을 보여 주고 동시에 다른 사람들이 만든 것을 봄으로써 처음에는 미약하지만 조금씩 업그레이드 해 나감으로써 멋진 작품을 만들 수 있는 수준이 될 것이다.

셋째로 블록 코딩만으로는 우리가 알고 있는 워드프로세서나 카카오톡, 회사 업무 관련 프로그램, 은행에서 사용하는 프로그램을 짜기는 어렵다. 실제 업무에서 사용하는 프로그램 언어는 다양하지만 가장 기본적이고 많이 사용하는 언어인 C언어를 학습하도록 하였다. 블록 코딩으로 된 모양이 C언어 문법에서는 어떻게 쓰이는지를 배우면서 자연스럽게 고급언어도 별로 어렵지 않음을 알게 될 것이다. 사실 고급언어 문법이 먼저 나왔고 이를 바탕으로 블록 코딩언어가 나온 것이다. 처음에는 내용을 모두 다 입력해야 하므로 귀찮고 오류도 날 수 있겠지만 교재에서 스크래치 코딩과 C언어 문법을 비교하여 설명했으므로 학습을 마치면 고급언어도 어렵지 않게 익히게 될 것이다.

스크래치와 C언어 마지막 챕터에는 고급 프로젝트를 만들어 두었다. 고급 프로젝트를 따라 하면서 고급 코딩 실력자가 되기를 기대한다.

마지막으로 집필할 수 있게 도와준 우리 가족들, 남편, 예쁜 딸들(애진, 수진), 지혜 주신 예수님께 감사드린다.

저자 정현희

# 차례

## 제1부 코딩

### Part 1 코딩 이야기 〈8〉

Chapter 01 코딩의 중요성 〈10〉
Chapter 02 전 세계 코딩 교육의 현황 〈14〉
Chapter 03 우리나라 코딩 교육 〈28〉
Chapter 04 컴퓨팅 사고방식과 소프트웨어 개발 방법의 변화 〈32〉

### Part 2 알고리즘 이야기 〈38〉

Chapter 01 알고리즘 이해하기 〈40〉
Chapter 02 알고리즘 표현 방법 〈43〉
Chapter 03 생활 속의 알고리즘 표현하기 〈46〉
Chapter 04 코딩 학습을 위한 기초 수학 〈50〉
Chapter 05 코딩하기 전에 순서도로 알고리즘 표현하기 〈53〉

## 제2부 스크래치

### Part 3 블록 코딩 스크래치 〈58〉

Chapter 01 스크래치 이해하기 〈60〉
Chapter 02 공개된 스크래치 살펴보기 〈67〉
Chapter 03 스크래치 화면과 메뉴 〈70〉
Chapter 04 스크래치 블록 〈74〉

### Part 4 스크래치 코딩하기 Ⅰ - 애니메이션 만들기 〈100〉

Chapter 01 그림 그리기 〈102〉
Chapter 02 걸어가면서 인사하기 〈107〉
Chapter 03 소풍 가는 공룡 가족들 〈112〉

## Part 5 스크래치 코딩하기 Ⅱ – 게임 만들기 〈122〉

- Chapter 01 나 잡아 봐라 〈124〉
- Chapter 02 펭귄을 구하라 〈135〉
- Chapter 03 미로 찾기 게임 〈145〉
- Chapter 04 수학 공부방 〈148〉
- Chapter 05 수리 수리 마수리 정렬되라 얍! 〈156〉

# 제3부 C언어

## Part 6 언어 코딩 – C언어의 이해 – 초급 〈166〉

- Chapter 01 C언어 이야기 〈168〉
- Chapter 02 C언어 프로그램 설치하기 〈171〉
- Chapter 03 자료와 변수 이해하기 〈176〉
- Chapter 04 다양한 연산자 이야기 〈184〉
- Chapter 05 판단하기와 반복하기 〈187〉

## Part 7 C언어 실습 – 중급 〈200〉

- Chapter 01 동일한 평수 – 아파트 배열(Array) 〈202〉
- Chapter 02 요술 상자 – 함수(Function) 〈205〉
- Chapter 03 주소로 찾아가자 – 포인터(Pointer) 〈210〉
- Chapter 04 우리 집 화장실과 공중 화장실 – 지역변수와 전역변수 〈219〉
- Chapter 05 햄버거 세트 – 구조체 〈224〉
- Chapter 06 필요할 때 메모리에 올려서 사용하자 – 동적 메모리 〈232〉

## Part 8 나도 진짜 코딩 박사 – 고급 〈236〉

- Chapter 01 무엇을 찾아 드릴까요?(검색) 〈238〉
- Chapter 02 관리 프로젝트 〈243〉

# Part 1

## 코딩 이야기

Chapter ❶ 코딩의 중요성
Chapter ❷ 전 세계 코딩 교육의 현황
Chapter ❸ 우리나라 코딩 교육
Chapter ❹ 컴퓨팅 사고방식과 소프트웨어 개발 방법의 변화

# Chapter 01

## 코딩의 중요성

 **컴퓨터에서 프로그램의 역할**

> "연필, 지우개는 하드웨어, 문제 푸는 순서적인 생각은 소프트웨어"

컴퓨터는 하드웨어와 소프트웨어로 구성된다. 하드웨어는 기계를 말한다. 하드웨어를 구성하는 입력장치(키보드, 마우스, 스캐너 등), 출력장치(모니터, 프린터), 계산을 하는 연산장치, 기억하는 기억장치(RAM, ROM), 관리·감독하고 실행하는 제어장치를 하드웨어 5대 장치라고 한다.

소프트웨어는 기계를 운영하는 윈도와 같은 운영체제를 시스템 프로그램(System Program)이라 하고, 이를 이용하여 문서 작업을 하는 워드프로세서, 게임, 사무용, 그래픽 등을 지원하는 응용 프로그램(Application Program)으로 나뉜다.

"시험을 보려면 무엇이 필요할까?"라고 질문한다면 대부분 친구들은 "공부를 해야 해요."라고 대답할 것이다. 그러나 한 엉뚱한 친구가 "연필과 지우개가 필요해요."라고 대답한다면 그것도 맞다. 하지만 진짜 중요하고 필요한 것은 연필, 지우개보다는 공부하고 머릿속에서 이를 조합하고 응용·추리하여 답을 생각하는 응용력이다. 이처럼 컴퓨터에서 연필과 지우개 역할을 하는 것을 하드웨어라고 생각하면 될 것이다.

그렇다면 공부하고 머릿속에서 답을 구하기 위해 순서대로 생각하여 답에 이르는 것을 소프트웨어라고 할 수 있다. 물론 하드웨어도 중요하지만 이를 이용하여 일상생활에 필요한 것을 구해주는 프로그램, 즉 소프트웨어가 더 중요하다.

##  컴퓨터로 일을 시키면 어떻게 움직일까?

컴퓨터를 사용할 때 키보드로 입력한 글자가 바로 모니터에 보이므로 우리는 컴퓨터의 작동 원리가 간단할 것이라고 생각한다. 하지만 컴퓨터는 입력장치인 키보드나 마우스 등으로 입력을 하면 주기억장치에 자료가 기억된다. 기억장치에 있는 자료는 주소 단위로 저장되며 주소는 윈도 같은 운영체제가 붙여 준다. 계산을 하기 위해서는 연산장치로 가서 연산이 된다. 연산장치로 옮겨갈 때 이를 담당하는 일시적 저장장치를 레지스터라고 한다. 연산된 결과를 누산기라는 레지스터가 다시 주기억장치에 넣어 준다.

이때 발생하는 여러 가지 신호, 오류 등을 담당하는 장치를 제어장치라고 부른다. 주기억장치에 있는 자료를 사용자의 모니터에 출력해 준다.

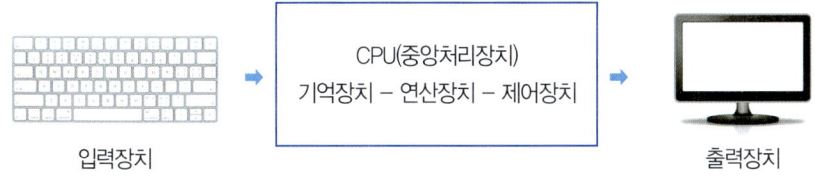

> ### 상식 넓히기
>
> **최초의 컴퓨터는?**
> 1946년 미국 펜실베이니아대학 존 에커트(John Presper Eckert Jr.)와 존 모클리(John William Mauchly)는 에니악(ENIAC)이라는 컴퓨터를 개발했다.
>
> **프로그램 처리 내장 방식(폰 노이만 구조)**
> 프로그램과 데이터가 모두 메모리에 저장된다. 메인 메모리에 저장된 프로그램에서 이진수로 되어 있는 명령어들을 순차적으로 가져와서 실행한다.
>
> **최초의 프로그래머는 누구일까?**
> 프로그램을 최초로 만든 사람은 에이다 러브레이스(Ada Lovelace)다. 에이다는 대문호 바이런의 친딸이다. 배비지의 해석 기관에 매료되어 해석 기관을 위한 프로그램을 개발하였다. 현대적인 컴퓨터가 나오기 100년 전에 서브루틴, 루프, 점프, if구문 등의 공식을 고안하였다. 최초의 프로그래머는 여성이었다.

## 컴퓨터는 어느 나라 말을 이해하나?

컴퓨터는 미국에서 개발했으니 컴퓨터와 사람이 영어로 대화할 수 있을 것이라고 생각하면 잘못된 생각이다. 그러면 어떤 말을 이해할까? 컴퓨터는 사람의 언어를 알아듣지 못한다. 컴퓨터는 전기 신호인 on/off에 해당하는 1과 0으로 표현된 기계언어만을 알아듣는다. 즉, 사람이 쓰는 언어를 가지고 프로그램을 짜서 컴퓨터에게 주면 알지 못한다. 그러므로 중간에 번역기를 두어서 기계어로 바꾸어 실행해야 한다. 이것을 컴파일러(번역기)라고 한다.

## 프로그램이 하는 일

프로그램이란 우리가 하고자 하는 작업을 컴퓨터 하드웨어에게 지시하여 컴퓨터가 우리가 원하는 결과를 출력하는 역할을 하는 명령어들의 집합이다. 프로그래머는 프로그램을 작성하는 사람을 일컫는다.

좋은 연필과 지우개가 있는데 공부를 하나도 하지 않아서 시험문제를 풀지 못했다면 연필과 지우개는 아무 소용이 없게 되는 것처럼, 비싸고 좋은 컴퓨터를 사다 놓아도 소프트웨어가 없다면 소용이 없는 것이다. 그러므로 중요한 것은 소프트웨어라 할 수 있다.

화가가 연필과 지우개로 그림을 그리면 멋진 미술품이 되고, 수학자가 문제를 풀면 답이 구해질 것이다. 이와 같이 누구의 손에 쥐어졌는지에 따라 결과가 다양하게 나타나는 것처럼 하드웨어, 즉 컴퓨터가 누구의 손에 의해 쓰이느냐에 따라 프로그램은 다양한 모습으로 나타나게 될 것이다. 이것도 멋진 일이지만 누군가 만들어 준 프로그램을 보고 배우는 게 아니라 이제 내가 직접 프로그램을 만들어서 로봇을 조정하듯이 프로그램을 조정하면 얼마나 재미있고 멋진 일이겠는가?

현재 컴퓨터가 안 쓰이는 곳은 거의 없다. 그리고 앞으로는 모든 사물에 컴퓨터가 들어가서 연결되는 사물 인터넷 시대가 열릴 것이다. 그러므로 다른 프로그래머가 짠 프로그램을 내가 그냥 사서 이용하는 시대는 천천히 끝이 나고, 나에게 맞게 프로그램을 수정해서 사용하는 시대가 될 것이다. 이 시대에 프로그램 작성은 선택이 아니라 필수인 것이다.

# Chapter 02

# 전 세계 코딩 교육의 현황

## 코딩(Coding)이란?

우리 생활의 여러 곳에서 컴퓨터를 사용한다. 학교에서 공부할 때, 아파서 병원에 갈 때, 그리고 은행에서도 컴퓨터가 없는 곳을 찾기가 힘들 정도로 우리에게 컴퓨터는 아주 밀접한 생활도구로 자리 잡고 있으며 우리가 의식하든 의식하지 않든 더 많이 우리를 돕고 있다. 이런 디지털 시대에 살아가기 위해서는 소프트웨어 교육과 컴퓨팅 사고 코딩 교육이 반드시 필요하다.

코딩(Coding)이란 코드를 작성하는 행위를 말한다. 그럼 코드란 무엇인가? 코드란 컴퓨터 프로그램을 수행하는 절차를 적어둔 명령어들을 말한다. 즉, 어떤 목적의 소프트웨어를 만들기 위해 규칙적인 프로그래밍 언어로 절차와 과정을 나열하는 것이다. 코딩을 하기 전에 반드시 전제되어야 할 것이 있다. 먼저 문제를 분석하고 분류하며 해결 방안을 구상하는 창의적, 논리적인 사고력이 필요하다.

# IT업계의 유명한 사람들이 말하는 코딩 교육의 필요성

12살 무렵의 빌 게이츠

IT업계에서 빼놓을 수 없는 인물인 빌 게이츠(Bill Gates)는 어린 시절 컴퓨터실에서 살다시피 했다. 게이츠가 8학년이 되던 해에 앨런과 같이 레이크사이드 프로그래밍 그룹을 만들었다.

미국 내 비영리 기구 CODE(http://code.org)가 공개한 영상에는 "모든 학교의 학생들이 컴퓨터 코드에 대해 배울 권리가 있다."는 내용이 있다.

- 마크 저커버그는 페이스북에서 코드 이해가 풍부한 엔지니어를 최대한 많이 채용하는 것이 페이스북의 정책이라고 말했다. 또 컴퓨터 코드의 중요성을 강조했고 "컴퓨터 코드를 배우면 사회 문제를 해결하는 데 실마리를 제공할 수 있다."고 말했다. "모든 사람이 학교에서 컴퓨터 코드를 배울 기회를 얻어야 한다."고 이야기했다.
- 드롭박스 창립자 휴스턴은 "컴퓨터 코드를 익히는 것은 하나의 놀라운 세계를 창조하는 것과 마찬가지다."라고 말했다. 그는 "컴퓨터 코드에 능숙한 분들은 최고의 사무실에서 일할 혜택을 얻는다."고 이야기했다.
- 미국의 오바마 대통령은 "코딩 기술을 배우는 것이 여러분의 미래는 물론 조국의 미래에도 매우 중요하다."고 말했다.
- 애플의 창업자 스티브 잡스는 "이 나라에 살고 있는 모든 사람은 컴퓨터 프로그래밍, 즉 코딩(Coding)을 배워야 한다. 코딩은 생각하는 방법을 가르쳐 주기 때문이다."라고 말했다.

## 상식 넓히기

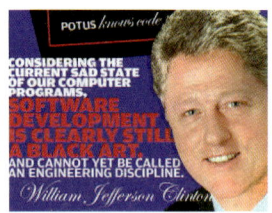

미국 대통령은 코드에 대하여 "현재 컴퓨터 프로그램의 암울한 상황을 고려할 때 소프트웨어 개발은 여전히 흑마술이 분명하며 아직 공학 학문이라 정할 수 없다."고 이야기했다.

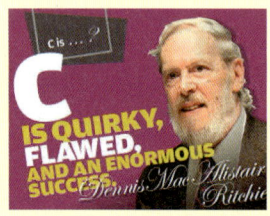

C는 유별나고 결함이 있으며, 엄청나게 성공했다. 데니스 맥칼리스터 리치 미국 컴퓨터 과학자는 C프로그래밍 언어를 만들었으며 오랜 지기인 켄 톰슨과 함께 유닉스 운영체제를 만들었다. 1983년 ACM 튜링상, 1990년 IEEE 해밍 메달 수상, 1999년 클린턴 대통령으로부터 국가 기술 훈장을 받았다.

윤리적 코딩 "윤리적으로 교육을 받은 소프트웨어 엔지니어라면 DestroyBaghdad 프로시저를 작성하는 데 결코 동의하지 않을 것이다. 기본적인 직업 윤리에 따르면 DestroyCity 프로시저를 작성해야 한다. Baghdad를 매개 변수로 부여할 수 있다. 나다니엘 S. 보렌스타인은 멀티미디어 인터넷 MIME프로토콜의 최초의 설계자 중 한 명이고, 최초로 이메일에 파일을 첨부해 보낸 사람이다.

## 코딩 교육의 목적

세계의 산업은 3차 산업에서 4차 산업혁명으로 나아가고 있다. 제4차 산업혁명이란 정보통신기술(IoT)의 융합으로 이루어낸 시대를 말한다. 인공지능, 로봇공학, 사물 인터넷, 무인 운송 수단(무인 항공기, 무인 자동차), 3차원 인쇄, 나노 기술과 같은 6대 분야에서 새로운 기술 혁신이다.

또한, 제4차 산업혁명은 물리적, 생물학적, 디지털적 세계를 빅 데이터에 입각해서 통합시키고 경제 및 산업 등 모든 분야에 영향을 미치는 다양한 신기술로 이루어져 있다.

산업혁명의 역사

IT 기술을 기반으로 많은 산업들이 만들어지고 발전되고 있다. 따라서 많은 분야의 전문가들이 필요한 시대가 될 것이다. 미래에는 사람과 사물, 공간을 네트워크로 연결하는 초연결, 초지능화 산업 구조 시스템으로 변화할 것이다. 이에 따라 많은 일자리가 창출될 것이다. 이에 대비하여 선진국은 청소년에게 코딩 교육을 의무화하고 있다. 우리나라도 이에 발맞추어 2018년~2020년부터 초·중·고 학생들에게 코딩 교육을 의무화하였다.

순차적인 코딩 과정을 통하여 논리적 사고력을 향상시키고 학생들의 문제 해결 능력을 키우며 공동 프로젝트를 통하여 협동심을 배울 수 있고 오류를 끊임없이 수정해야 하므로 인내심을 배울 수 있다. 또한 미래의 정보화 시대에 다양한 직업들이 생겨났을 때 소프트웨어적 기본 지식과 컴퓨팅적 사고 능력과 문제 해결 능력을 배우고 익혀야 미래의 직업을 구할 수 있다.

## 전 세계 코딩 교육의 현황

유네스코는 'ICT[1]의 교육적 활용' 촉진 활동을 하고 있다. 유네스코 교육정보기술기구는 "모두를 위한 양질의 교육 확보와 평생학습의 실현"을 제시하였다. 특히 유네스코는 2015년부터 '모두를 위한 교육'을 달성한다는 목표하에 모든 어린이, 청소년, 성인에게 기본적인 교육을 보장하기 위한 하나의 수단으로 IT에 관심을 기울이며 세계 각국에서 IT의 교육적 활용을 촉진·지원하기 위한 다각적인 노력을 기울이고 있다. 유네스코의 IT 교육 관련 지원 분야 중 국가 간의 정보 교류에 필요한 네트워크의 형성을 위한 노력을 높이 평가할 수 있겠다. 또한 IT를 통해 개개인의 21세기 필수 역량을 개발시키기 위한 자료의 개발 및 프로그램의 지원 등에 주력하고 있다.

유럽 31개국 학교들의 IT 준비도 및 활용 수준을 IT 인프라 측면에서 볼 때 노르웨이, 스웨덴, 덴마크, 핀란드, 슬로베니아 등의 국가는 80% 이상의 학생들이 인프라에 자유롭게 접근할 수 있는 체제가 마련되어 있는 반면 그리스, 폴란드, 터키, 루마니아 등은 20%의 접근성만을 제공하여 유럽 연합 국가 간의 인프라 편차는 큰 것으로 나타났다.

### 1 국가별 코딩 교육과정 현황

#### (1) 미국

**컴퓨팅적 생각(Computational Thinking)**

컴퓨팅적인 생각의 배경인 지넷 윙(Jeanette M. Wing, 2006)의 'Computational Thinking'은 컴퓨터과학 교육에 관한 것이 아니라 21세기를 살아가야 하는 모

---

[1] ICT란 정보통신기술(Information & Communication Technology)의 약자이다. 기존의 정보기술(Information Technology, IT) 개념에 의사소통 과정을 보다 강조하는 의미를 내포하고 있다.

든 사람이 갖추어야 할 사고 능력에 관한 것이다. '컴퓨팅적 생각'은 학생들이 컴퓨터과학자처럼 생각하는 것이 아니라 일상생활에서 부딪히는 문제를 해결하기 위한 기본적인 능력으로 인지할 수 있다. 그러나 초·중등학교 교육은 학생들에게 컴퓨터과학을 가르치지 않으므로 학생들이 학교 교육을 통하여 컴퓨터과학을 반드시 학습할 수 있도록 해야 한다는 점을 주장하고 있다. 인간의 가장 기본적인 능력인 읽기, 쓰기, 셈하기와 마찬가지로 21세기의 학생들이 반드시 익혀야만 하는 능력(Skill)으로 인식하고 있다. 지금의 학생들은 미래에 다가올 직업적인 요구를 만족시킬 수 있는 능력을 갖추어야 하고 그들의 시대에 중요하다고 여겨지는 문제를 해결할 수 있는 능력을 갖추어야 한다. '디지털 원주민'이라 불리는 학생들은 급변하는 정보기술에 적응하고 새로운 분야에 대하여 연구하며 지금은 존재하지 않는 새로운 직업을 가지게 될 것이므로 이러한 요구를 충족할 수 있는 능력을 길러야 하는 것은 당연하다. 그러므로 학교는 현재의 학생들이 미래의 다양한 분야에 적응하고 발전할 수 있도록 기본적인 '컴퓨팅적 사고 능력'을 갖추도록 도와주어야 한다.

미국의 교육에서는 모든 교과와 통합하여 지도할 수 있는 방안을 고려하는 것이 필요하다고 인식하고 있다. 따라서 모든 교사들이 컴퓨팅적 사고방식을 이해하고 이를 자신의 교과에서 활용함으로써 모든 학생들이 고등학교를 졸업할 때에는 컴퓨팅적 사고 능력을 갖추도록 해야 한다고 권고한다. 컴퓨팅적 사고 능력에서 가장 중요한 개념으로 도입한 것은 문제 해결 능력이다. 문제 해결 능력은 학생들의 연령이 증가함에 따라 복잡도와 난이도가 높아지므로 초등학교 단계부터 체계적으로 지도하는 것이 필요하다는 입장을 취하고 있다. 컴퓨팅적 사고방식은 새로운 것이 아니며 교사들은 이미 이러한 능력을 갖추고 있다. 따라서 컴퓨팅적 사고를 이해함으로써 교실에서 이루어지는 많은 학습활동에서 컴퓨팅적 사고를 발견하고 발전시키고자 하는 것이다.

## (2) 영국

영국은 2014년 9월부터 모든 학교 학급별 5세에서 14세의 학생들에게 기존의 'ICT'를 'Computing'으로 대체하는 국가 교육과정의 한 부분으로 컴퓨터 프로그래밍을 가르치기로 결정하였다. 이러한 결정은 2013년 7월에 이루어졌으며 1년 동안 이를 위한 준비 기간에 들어갔다. 이러한 변화의 가장 중요한 내용은 학생들이 다른 사람이 만든 프로그램을 사용하는 법을 배우기보다는 스스로 프로그램을 만드는 방법을 배우도록 하는 것이다. 따라서 기존의 ICT 활용 중심의 교육을 '컴퓨팅 교육'으로 전환하고자 하는 의지를 천명하였다.

영국이 기존의 ICT 교육을 포기하고 'Computing'으로 전환하게 된 가장 큰 배경은 ICT 교육이 대부분 Word, Excel과 같이 윈도우즈 운영체제에서 작동하는 응용 프로그램만을 활용하는 데 그치고 있다는 비판에 직면했기 때문이다. 이 교육과정 개편을 이끌고 있는 교육부 장관 마이클 고브(Michael Gove)는 "학생들이 학교를 졸업하고 대학을 가거나 직업을 갖게 되었을 때 전 세계에서 온 사람들과 경쟁할 수 있도록 교육과정을 개편하게 되었다."고 하였다. 교육과정 개편은 많은 변화가 있었는데 그중 컴퓨터 관련 교과목은 "ICT"에서 "Computing"으로 변경되었으며, 학생들은 기존의 업무처리용 패키지 사용법을 익히기보다는 11학년까지 코딩하는 법과 실제적인 컴퓨터 문제들을 해결하는 방법을 습득하게 될 것임을 강조하였다. 기존의 응용 패키지 활용 중심의 ICT 수업은 이미 그 이상의 능력을 갖춘 디지털 네이티브 학생들에게 흥미를 유발하지 못하고 있으므로 소프트웨어의 작동 원리를 이해하고 직접 프로그램을 개발할 수 있는 역량을 기르는 것이 국제적인 경쟁력을 갖추는 것이라는 점을 강조하였다.

### 영국의 컴퓨팅 교과목의 목표

- 학생들은 컴퓨터과학의 기초적인 원리와 개념을 이해하고 응용할 수 있어야 한다.
- 학생들은 컴퓨팅 용어로 문제를 분석하고 그러한 문제들을 해결하기 위하여 컴퓨터 프로그램을 작성하는 실제적인 경험을 충분히 가져야 한다.
- 학생들은 문제를 해결하기 위하여 새롭거나 친숙하지 않은 기술들을 포함한 정보기술을 분석적으로 평가하고 응용할 수 있어야 한다.
- 학생들은 정보통신기술에 대하여 책임 있고 숙련된, 확신을 가진 창의적 사용자다.

| 컴퓨터 교과의 단계별 교육 내용 | | |
|---|---|---|
| 단계 | 나이 / 학년 | 내용 |
| Key Stage 1 | 5~7세 /<br>1~2학년 | • 알고리즘의 이해<br>• 간단한 프로그램 작성<br>• 간단한 프로그램의 작동을 예상하고 논리적으로 추론<br>• 학교 밖의 일반적인 정보기술 활용을 이해 |
| key Stage 2 | 7~11세 /<br>3~6학년 | • 특정 목표 달성을 위한 설계–코딩–수정<br>• 순차, 선택, 반복의 활용, 변수와 다양한 입출력<br>• 단순 알고리즘의 작동을 설명하기 위하여 논리적 추론을 이용하여 알고리즘에서 검출·수정<br>• 네트워크의 이해, 서비스 제공 방법의 이해<br>• 검색 기술의 활용<br>• 데이터와 정보의 수집, 분석, 평가, 제시 등을 포함한 목표 성취를 위한 프로그램, 시스템, 콘텐츠의 설계와 생성을 위한 디바이스에서 다양한 소프트웨어의 선택, 활용, 결합 |
| Key Stage 3 | 11~14세 /<br>7~9학년 | • 컴퓨터과학적 추상화의 설계·활용·평가<br>• 주요 핵심 알고리즘의 이해, 통합 문제에 대한 알고리즘의 유용성을 비교 |

| | | |
|---|---|---|
| Key Stage 3 | 11~14세 / 7~9학년 | • 2개 이상의 프로그래밍 언어의 활용, 적절한 자료구조의 사용, 함수를 사용하는 모듈 프로그램의 설계·개발<br>• 단순 논리의 이해, 수의 표현, 2진수의 단순 계산<br>• 디지털 산출물의 생성, 재사용, 변경 |
| Key Stage 4 | 14~16세 / 10~11학년 | • 모든 학생들이 상급학교 진학이나 전문경력으로 나아갈 수 있도록 컴퓨터과학과 정보기술을 습득할 수 있는 기회를 제공<br>• 컴퓨터과학, 디지털 미디어, 정보기술에 대한 역량, 창의성 지식을 개발<br>• 학생들의 분석적 문제 해결, 설계, ICT 역량을 개발하고 적용<br>• 온라인 프라이버시를 보호하기 위한 새로운 방법을 포함하여 안전에 영향을 미치는 기술의 변화를 이해 |

'컴퓨팅'은 실제적인 교과로서 발명과 풍부한 자원의 생성을 촉진한다. 초등학교 교육과정에 컴퓨터과학을 적용함으로써 컴퓨터과학에 내재되어 있는 힘을 경험하게 하고 삶에 자연스럽게 스며들게 하는 이점이 있다. 따라서 컴퓨팅의 아이디어는 현실을 이해하는 데 적용할 수 있고 프로그래밍을 통하여 목적에 합당한 산출물을 창조할 수도 있다. 컴퓨팅 교과는 원리, 실제, 발명을 결합하게 하는 매우 유용하고 창의적인 교과이며 흥분으로 가득 차게 하는 본능적이며 지적인 교과가 될 것이다.

프로그래밍에 대한 인식의 전환이 필요하다. 프로그래밍을 전문가의 소유물인 것처럼 인식함으로써 초등학교 단계에서 이를 습득할 수 없다고 생각하는 편견을 극복해야 한다. 컴퓨터과학에서 프로그래밍은 자연과학에서의 실험과 크게 다르지 않다. 과학에서 개구리 해부 실험을 하는 것과 컴퓨터과학에서 프로그래밍을 하는 것은 구조적으로 동일하다. 프로그래밍은 학생들에게 동기를 부여하고 일상의 삶으로부터 얻은 아이디어를 실현할 수 있는 기회를 제공하기 때문이다.

### (3) 핀란드

핀란드의 PC 보급률은 학생 5명당 컴퓨터 1대의 비율로 유럽 평균과 같으며 인터넷은 대부분 10Mbps로 연결되어 있다. 교사들과 학생들의 수업에서 IT 활용도는 IT 인프라에 비해 유럽 평균보다 낮은 편으로 나타났다. 또한 교사와 학생의 IT 활용에 대한 자신감도 유럽 평균에 비하여 낮은 것으로 나타났다. 특징적인 것은 학교에 교사들을 위한 IT 코디네이터를 배치하고 있다는 점이다.

핀란드는 2008년 학교 및 교육 환경에서 최신 IT를 활용할 수 있는 새로운 지식과 노하우를 파악하기 위한 프로젝트로 'ICT in Everyday School Life'를 추진함과 동시에 교육 분야에서 ICT를 효과적으로 활용하는 데 필요한 환경 및 기회를 확인하기 위한 프로젝트 'Educational Technology in Everyday School Life'를 수행하였다. 이 프로젝트를 바탕으로 2010년 12월 과제 해결을 위한 전략과 미래의 교육 비전을 담은 'National Plan for Educational Use of Information and Communication Technology'를 발표하였다.

이 국가 계획의 비전은 ICT를 통해 '미래 시민 역량(Citizenship Skill)'을 갖춘 인재를 육성하고 통합교육을 실현하고자 한다는 것이다. 이 비전은 '평등(Equality)', '협력(Collaboration)', '관여(Involvement)'를 핵심 가치로 하여 모든 학생의 균형 잡힌 성장과 능력 개발, 능동적인 참여에 기여하는 학교를 만들어 일상생활과 상급 교육기관 진학, 직업 세계 진출 시에 꼭 필요한 능력을 갖출 수 있도록 함을 강조하였다. 'ICT의 교육적 활용을 위한 국가 계획' 비전을 제시한 것이다.

### (4) 터키

터키의 FATIH 프로젝트는 전국의 각 급 학교 및 학생, 교사에게 스마트보드(Smart Board)와 태블릿 컴퓨터(Tablet Computer)를 보급하는 국가적인 스마트교실

(Smart Class) 사업이다. 이 사업의 목표는 최신의 컴퓨터 기술을 터키의 공립 교육 시스템에 통합하는 것으로 1차 입찰로 409백만 리라가 투자된다. 정부는 이 프로젝트를 통해 최종적으로 전국의 각급 4만 2,000여 곳의 학교에 675,000대의 태블릿 컴퓨터를 제공하여 각 교실을 컴퓨터화된 스마트교실로 전환할 방침이다. 현재 1차 입찰이 완료되었으며 2013년 12월까지 약 50,000여 대의 태블릿 컴퓨터가 보급되었다.

FATIH 프로젝트를 통해 교사와 학생들은 국가정보부의 데이터센터에서 스마트보드와 태블릿을 위한 수업 콘텐츠를 다운로드해 이용할 수 있게 되었다. 또한 스마트보드를 이용해 음성 및 음향, 애니메이션, 비디오, 그래픽, 3D 영상 등 수업을 지원하는 기타 다양한 효과를 사용할 수 있다. 태블릿 컴퓨터에는 모든 수업에서 사용할 전자책(e-book)이 내장되어 보급되며, 음향효과와 애니메이션, 그래픽 등을 이용할 수 있다.

### (5) 대부분의 유럽 국가들

대부분의 유럽 국가들은 공통적으로 ICT를 교육의 도구로 인식하여 타 교과와 통합하여 교육의 변화를 꾀하고자 하였다. 초·중등학교에서 ICT를 독립교과로 개설한 국가는 영국, 벨기에, 체코 공화국, 에스토니아, 헝가리, 리투아니아, 슬로바키아(미디어교육), 스페인 등이 있다. 프랑스는 초등학교 6학년 자격시험 및 대입 시험에 ICT를 포함하고 있으며 모든 예비교사가 ICT 자격시험을 통과해야 하는 점은 매우 특별한 사례이다.

헝가리, 노르웨이는 'Digital Literacy'를 국가 수준 교육과정에 포함시키고 있다. 에스토니아는 2013년 9월부로 초등학교 1학년부터 프로그래밍 교육을 받도록 교육과정에 포함하였다.

유럽 대부분의 국가들은 ICT를 교육의 매우 중요한 도구나 교과로 받아들이고 있다. 첫째, ICT는 모든 교과에 통합되어 교과 목표 달성에 기여해야 한다. ICT는 대부분의 국가에서 교차 교육과정으로 편성되어 타 교과에 침투되어 있다. 둘째, ICT는 독립적인 교과로 가르쳐지고 있다. ICT는 일부 국가에서 독립 교과 및 선택 교과로 운영되며 교육과정에 반드시 가르쳐야 하는 역량으로 명시되어 있다. 셋째, 일부 국가는 ICT를 도구가 아닌 컴퓨터과학으로 가르치고 있다. 영국과 에스토니아는 프로그래밍 교육을 초등학교 1학년부터 가르치고 있다. 이와 같은 유럽 국가들의 ICT에 대한 인식은 ICT가 타 교과를 위한 도구 교과에서 컴퓨터과학으로 전환되고 있다는 점을 보여 준다.

### (6) 중국

정보과학 교육과정 운영은 2000년부터 초·중·고등학교에 정보통신기술 교육을 의무화했고, 2001년 초등학교, 2003년 중학교, 2005년에는 고등학교까지 모든 학교에서 정보통신기술을 필수 과정으로 이수하도록 지정하였다.

| 학교 | 내용 |
|---|---|
| 초등학교 | • 정보 및 응용 소프트웨어 활용<br>• 학생들이 컴퓨터에 관심을 갖고 응용 프로그램을 이해하도록 함<br>• 정보기술을 이용하여 다른 사람과 협력<br>• 올바르고 책임 있게 정보시스템 사용 |
| 중학교 | • 정보기술의 변화가 사회에 미친 영향을 이해<br>• 실생활에 필요한 소프트웨어 사용 방법을 익힘<br>• 멀티미디어 자원 및 장비를 이용하여 다른 교과 학습을 지원<br>• 정보의 신뢰성과 정확성을 평가<br>• 지적 재산권에 대한 올바른 인식과 정보기술 사용 시 준수해야 하는 법칙, 윤리적 행동 |

| | |
|---|---|
| 고등학교 | • 정보기술의 변화가 사회 복지에 미치는 영향 이해<br>• 네트워크 지식을 활용한 정보의 수집, 전송, 처리<br>• 정보기술을 활용하여 다른 교과를 학습<br>• 논리적 사고력 향상을 위해 프로그래밍 기술을 익힘<br>• 다른 사람과 협력하여 창의적 멀티미디어 산출물 제작<br>• 정보의 신뢰성과 정확성 평가<br>• 정보기술 활동에 대해 법적 윤리적으로 책임질 수 있는 올바른 과학적 태도 이해 |

## (7) 일본

일본은 2009년부터 소프트웨어 교육을 강화했다. '신 학습지도요령'에 따라 필수 과목으로 지정된 SW 교육을 전면 실시하고 있다. 중·고등학교에서 '기술·가정', '정보' 과목 안에 포함해서 가르치고 있다. 중학교에서는 단순 코딩 위주의 교육이 아닌 디지털 작품의 설계·제작과 프로그램에 의한 계측과 제어를 가르치고 있다.

고등학교의 '정보' 과목에서는 '문제 해결의 기본적인 사고방식', '정보통신 네트워크의 문제 해결' 등 SW를 통해 사회문제를 해결할 수 있는 방안을 학습하고 있다. 또한 '모델화와 시뮬레이션', '정보사회 안전과 기술'과 같이 수준 높은 과정을 학습한다.

일본 문부과학성 평생학습정책국 토모토 노부 정보교육과장은 일본에서 실시하고 있는 SW 교육에 대해 "컴퓨터 언어를 익히는 과정이 아니다."라고 말했다. 어떤 문제를 해결하기 위해 알고리즘(절차나 방법)을 가르치는 컴퓨터 사이언스(Computer Science) 기초과정으로 보면 된다고 말했다. 최근 들어서는 교교과정에 컴퓨터 보안(Computer Security)을 도입하는 방안을 협의하고 있다고 밝혔다. 컴퓨터 사이언스에서 보안 문제는 난이도가 매우 높고 세계 ICT 업계의 큰 이슈가 되고 있는 분야다. 또 그는 "교육 관계자들 사이에서 SW 교육 시간을 늘려야 한다는 논의가 진행되고 있으며, 큰 어려움은 없을 것으로 보인다."고 말했다.

2010년 전후로 유럽, 미주, 아시아에서 디지털 경제를 주도할 국가들을 중심으로 컴퓨터 코딩 교육 현황을 살펴보았듯이 정보과학, 코딩 교육의 변화가 뚜렷하게 나타나고 있다. 우리는 디지털 경제시대에 대비한 역량 교육이 반드시 필요한 시대에 살고 있다.

세계 주요국의 SW 교육의 목표는 프로그래밍 기술을 습득하는 것이 아니라 정보적 사고 능력을 키우는 것이다. 전문 프로그래밍 언어를 배우기보다는 어린 학생들 수준에 맞추어 재미있는 블록 코딩 언어(예: 스크래치)를 사용하고 있다.

### 전 세계 코딩 교육의 현황

| 국가 | 필수/선택 | 학년 | 과목명 |
|---|---|---|---|
| 영국 | 필수 | 초·중·고 | Computing |
| 일본 | 둘 중 선택 | 고등학교 | 사회와 정보, 정보과학 |
| | 필수 | 중학교 | 기술 175시간 중 55시간 |
| 중국 | 필수 2단위 + 선택 2단위 | 고등학교 | 정보기술 인프라 |
| | 선택 | 초등 3학년~중학교 | 종합실천활동 5개 영역 |
| 이스라엘 | 선택/필수 | 고등학교 | 컴퓨터과학 |
| | 필수 | 중학교 | 과학의 7개 단원 중 2개 단원 |
| 인도 | 필수 | 초·중·고 | Computer Mast |

# Chapter 03
# 우리나라 코딩 교육

## 우리나라 코딩 교육의 현황과 문제점

1990년부터 컴퓨터 교육은 '정보' 과목으로 도입되었다. 2000년부터 ICT 활용 교육 위주로 실시되어 중학교에서는 '컴퓨터', 고등학교에서는 '정보사회와 컴퓨터'라는 과목으로 상업용 소프트웨어 및 서비스 사용법을 교육했다. 2010년 교과서 개편을 통해 과목명을 '정보'로 변경하고 내용은 정보과학, 정보적 사고력 배양을 주로 하여 알고리즘·프로그래밍 교육으로 확대하였다. 2010년 '정보' 과목의 교육 내용 개편으로 알고리즘·프로그래밍 교육 등 정보과학, 정보적 사고 교육이 내용 면에서 확충되었다.

그러나 2000년 8월부터 2008년 12월까지 적용된 '정보통신기술 교육 운영지침'이 종료됨에 따라 우리나라 '정보' 과목을 선택하는 비율이 낮아지게 되었다. 왜냐하면 학생은 학교 내에서 과목이 개설되지 않아 선택할 수 없거나, 학습 부담으로 인해 입시와 무관한 선택 심화 교과를 이수하기 어려워졌고, 학부모는 선택 심화 교과 중에서도 상급학교 진학에 유리한 과목(외국어, 한문 등)을 선호하는 경향이 있기 때문이다.

'정보' 과목을 선택하는 학교 수는 급감하게 되었다. 학교에서는 한 학기 국어, 영어, 수학을 포함하여 8개 과목 이내에서 편성해야 하므로 입시와 연계되지 않은 과목을 편성에서 제외하거나 수업 시수를 축소하고 있다.

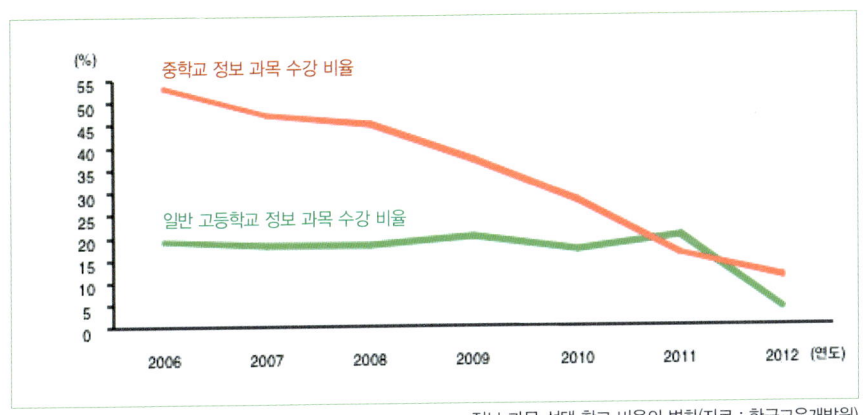

정보 과목 선택 학교 비율의 변화(자료 : 한국교육개발원)

##  향후 SW 교육 강화 추진 방향

미래창조과학부는 'SW 교육 강화를 통해 양성하고자 하는 미래인재상'으로 21세기 디지털 창조경제 시대를 주도할 수 있도록 건전한 소통 능력과 타 분야와의 융합을 통한 창의적 문제 해결력을 갖춘 인재를 제시하였다.

미래창조과학부는 소프트웨어 혁신 전략(2013.10), 4차 투자활성화 대책(2013.12) 등 정부 주요 대책을 통해 초·중등학교 내 SW 교육을 확대하는 방안을 추진하고 있으며, 교육부와 공동으로 TF를 구성하여 SW 교육 강화 세부 방안을 마련하고 공개 토론회, 교육부가 주관하는 전문가 간담회 등에 참여하여 논의하고 있다. 교육부는 2013년 7월 23일 「SW 중심 사회 실현 전략 보고회」 시 미래 시대를 이끌 창의인재 육성을 위해 기존 정보교육을 국가경쟁력의 원천인 소프트웨어 교육 중심으로 개편하는 방안을 추진하겠다고 발표하였다(자료 : 한국교육개발원).

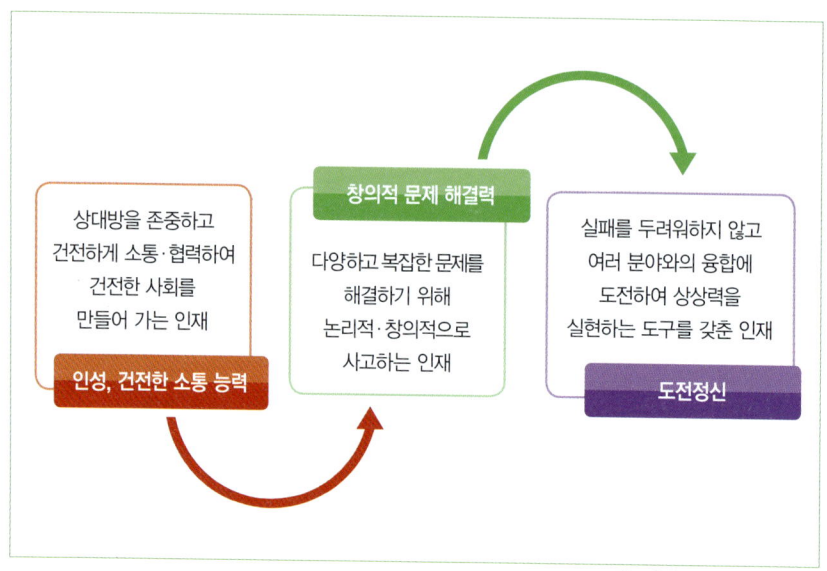

코딩 교육을 통한 미래인재 목표

### 초·중등 소프트웨어 교육 활성화 방안(자료 : 교육부 SW 중심 사회 전략보고회)

| 구분 | 초등학교 | 중학교 | 고등학교 |
| --- | --- | --- | --- |
| 교육 목표 | • SW 소양 교육<br>• SW Tool 활용을 통한 SW 코딩 이해 | • SW 소양 교육<br>• 문제 해결 학습을 통한 알고리즘 이해 및 프로그램 제작 능력 함양 | 컴퓨터 융합 활동을 통한 창의적 산출 제작 및 대학 진로 연계 학습 |
| 교과 내용 | • 놀이 중심 활동 학습(컴퓨터 사고 이해)<br>• SW Tool 활용 학습(문제 해결 방법 익히기) | • 문제 해결 프로젝트 학습(프로그램 제작 기초)<br>• 논리적 문제 해결력 학습(알고리즘 절차 익히기) | • 창의적 아이디어 산출물 제작(프로그램 제작 심화)<br>• 프로그래밍 언어 학습(심화문제 해결 학습) |
| 창의적 체험 활동 | 논리적 사고 체험 활동 (SW 코딩 활동) | 컴퓨터 프로그램 제작(공작기기 작동 원리 구현) | 컴퓨터시스템 융합 활동 |

미래창조과학부는 초·중등 소프트웨어 교육 필수화에 대비하여 소프트웨어 기초 소양과 재능을 개발할 수 있도록 '소프트웨어 인재 저변 확충' 사업을 신설하고 기반 조성을 지원하고 있다.

특히 학교 현장의 소프트웨어 교육 내실화를 기하기 위해 시범학교를 선정하여 지원하고 있다. 시범학교 운영을 통해 우수한 소프트웨어 교육 모델을 발굴하고 교사 연수와 연계한 성과 발표회를 열어 학교에서 활용 가능한 소프트웨어 교육을 공유하고 확산할 계획이다.

##  코딩 교육의 최종 목적

코딩 교육의 최종 목적은 모든 학생들이 컴퓨터에 관련된 직업을 갖게 하려는 것이 아니다. 디지털 세상을 살아가기 위한 기본 상식이자 필수 도구인 코딩을 다루는 방법을 배우는 것이다. 코딩 교육을 통하여 논리적인 사고력, 창의적인 생각, 컴퓨팅적 사고방식을 갖추도록 하는 것이다.

# Chapter 04
## 컴퓨팅 사고방식과 소프트웨어 개발 방법의 변화

### 컴퓨팅적 사고방식은?

컴퓨팅적 사고(Computational Thinking)라는 용어는 1980년에 미국 MIT 대학교 교수인 파퍼트가 처음으로 사용하였고 1996년에 다시 제안되었다. 그 후 2006년 지넷 윙(Jeannette M. Wing) 교수가 유명 저널인 ACM에 글을 게재하였다. 이 글에서 그는 "컴퓨팅적 사고는 컴퓨터과학자에게만 적용되는 것이 아니라 누구에게나 일반적으로 적용되는 사고방식과 기술의 집합인데, 이는 배우고 익혀서 사용할 가치가 충분하다."고 이야기했다.

컴퓨팅적 사고는 인간의 사고 능력과 컴퓨터의 능력을 통합한 사고로서 단순한 개념에서 벗어나 복합적인 사고를 통해 창의적으로 문제를 해결하는 핵심 능력이다. 사람들이 생각하는 방법과 조금 다르게 컴퓨터를 이용하여 문제를 해결하는 과정에서의 여러 가지 특성과 기질을 포함하는 문제 해결 과정이다.

## 사람의 문제 해결 방식과 컴퓨팅적 문제 해결 방식의 차이점

### 1 사람의 문제 해결 방식

사람이 문제를 해결하는 방식은 오감에 의한 사고를 바탕으로 인간이 살아가면서 얻는 경험과 학습을 통해 얻은 지적 사고 위에 창의적 사고를 한다. 이런 바탕 위에 컴퓨팅적 사고와 창의적 사고가 겹치면서 소프트웨어를 개발할 수 있는 사고로 발전하는 것이다.

### 2 컴퓨팅적 사고

컴퓨터의 기본 개념과 원리를 기반으로 문제를 효율적으로 해결하도록 프로그램 개발자들의 논리적인 사고 방법으로부터 시작해서 사람의 사고력과 컴퓨터의 능력을 융합한 사고이다.

 ## 컴퓨팅적 사고의 구성 요소

자료 수집   자료 분석   자료 표현   문제 분해   개념화   추상화   병렬화   자동화

**1 자료 수집(Data Collection)** : 문제를 해결하기 위해서 여러 자료를 수집하는 것이다. 자료 수집이 컴퓨팅적 사고의 가장 처음에 나오는 것은 가장 중요한 것이기 때문이다. 자료 수집의 중요성을 설명하는 유명한 이야기가 있다. "쓰레기를 집어넣으면 쓰레기가 나온다(Garbage In, Garbage Out)"이다. 다시 말해, 자료 수집이 제대로 되지 않으면 이후에 아무리 실험 설계가 좋아도, 아무리 훌륭한 질문지를 만든다고 해도, 아무리 이상적인 면접을 진행한다고 해도 그렇게 해서 얻어진 데이터의 가치는 그저 쓰레기일 뿐이라는 뜻이다. 그래서 자

료 수집을 세심하게 준비하고 설계해야 한다.

2. **자료 분석(Data Analysis)** : 수집된 자료는 거의 직접적으로 사용되지 않는다. 먼저 자료를 그룹화하고 모델링화한다. 그리고 이것은 일반화한 형태로 표현된다. 이렇게 사전에 정해진 규칙에 따라 분석하는 과정을 말한다.

3. **자료 표현(Data Representation)** : 자료의 형태에 따라서 숫자와 문자 표현, 논리적 표현이 다르다. 숫자는 정수와 실수 표현이 다르고 고정 소수점, 부동 소수점 표현이 있다. 문자는 한 글자인 문자형 표현과 여러 글자인 문자열 표현 방법이 다르며 아스키코드나 유니코드 등으로 표준화하여 표현한다. 논리형은 true, false로 표현한다.

4. **문제의 분해(Problem Decomposition)** : 여러 부분이 결합되어 이루어진 것을 그 낱낱으로 나누는 것을 말한다. 어려운 문제를 쪼개서 부분적으로 해결하면서 전체 문제를 해결하는 방식의 사고를 뜻한다.

5. **문제의 개념화(Conceptualizing)** : 어떤 사물이나 현상에 대한 일반적인 지식으로 프로그램 작성 시 기준이 되는 것을 찾아낼 수 있는 사고를 뜻한다.

6. **자료의 추상화(Abstraction)** : 원래의 문제에서 구체적인 사항은 생략하고 핵심이 되는 원리만을 이용하여 수학적인 모델로 만들어내는 사고로 복잡한 알고리즘 해석이나 설계에 중요한 사고를 뜻한다.

7. **병렬화(Parallelization)** : 문제 해결에 대하여 동시에 다중 처리하는 방식의 사고를 뜻한다.

8. **자동화(Automation)** : 인간이 처리하기 어려운 많은 양의 반복된 작업이나 시뮬레이션을 실시하는 것이다.

## 컴퓨팅적 문제 해결 단계

| 1단계 | 문제 해결을 돕는 컴퓨터나 다른 도구를 사용할 수 있도록 문제 만들기 |
|---|---|
| 2단계 | 자료를 논리적으로 배치하고 분석하기 |
| 3단계 | 모형과 모의실험과 같은 추상화를 통하여 자료를 표현하기 |
| 4단계 | 절차적 사고를 통하여 해결 과정을 자동화하기 |
| 5단계 | 가장 효과적이고 효율적으로 목표를 달성하기 위한 해결책을 확인·분석·실행하기 |
| 6단계 | 문제 해결 과정을 폭넓은 분야의 문제로 일반화하고 전이하기 |

소프트웨어 교육의 최종 목적은 '컴퓨팅적 사고(Computational Thinking)를 통해 문제점을 해결하는 인재를 길러내는 교육'이다. 컴퓨팅적 사고란 다양한 분야의 문제 해결에 적용하는 사고 방법으로서, 사람의 사고와 컴퓨터의 능력을 통합한 사고이다. 소프트웨어 교육의 궁극적인 목적은 학생들이 창의적으로 상상하여 만들고 싶은 소프트웨어를 스스로 구상하는 과정을 배우도록 하는 것이다.

 ## 소프트웨어 개발 방법의 변화

소프트웨어를 개발하려면 C++나 Java와 같은 프로그래밍 언어를 배워야 했다. 그러나 4차 산업의 등장으로 다양한 산업 분야에서 소프트웨어 개발자를 찾고 있고 개발자에게 코딩 이외에 다양한 아이디어를 필요로 한다. 초반의 개발 방식이 개발자와 코드 중심의 설계였다면 프로젝트팀 중심의 협업 중심 개발로 바뀌며 단일 기업의 라이프 사이클 관리 중심의 개발, 컴포넌트 기반 개발 방식으로 발전하고 있다. 또한 플랫폼의 구조도 메인 프레임 플랫폼에서 미니컴퓨터 플랫폼, 클라우드 서버 모델의 애플리케이션의 개발 클라우드 컴퓨팅으로 변형되고 있다.

미래의 소프트웨어 프로그램은 단순히 프로그램만 잘 만드는 사람을 필요로 하지 않는다. 시스템이 전체적 효율적으로 잘 처리되도록 운영하는 것까지 염두에 두고 프로그램을 설계하는 사람이 필요하다.

예전에 각 산업에 종사하는 사람들이 각자의 업무에 소프트웨어가 필요한지조차 알지 못했다면 요즘은 대중화된 자동화 시스템과 다양한 소프트웨어를 이용하면서 자동차(자율주행 자동차)나 신발을 제조하는 공장에서도 소프트웨어 개발자를 채용하여 해당 산업에 딱 맞는 소프트웨어를 개발하고 있는 실정이다.

각 산업마다 다양한 소프트웨어를 요구할 텐데 소프트웨어 개발자가 어떻게 그런 요구를 다 맞출 수 있을까?

이 질문에 '소프트웨어 개발자는 매번 프로그램을 개발할 때마다 힘들겠구나!'라고 생각할 수 있다. 그러나 미래의 소프트웨어 개발자에게는 코딩을 잘하는 것뿐만 아니라 산업을 빠르게 이해하고 어떻게 하면 소프트웨어를 그 산업에 더 잘 적용할 수 있는지를 파악하는 분석력, 분해력, 정규화 능력, 공학적이고 체계적으로 접근할 수 있는 능력이 요구된다. 또한 산업별로 표준적인 모델을 만들면 약간의 응용력을 요구하는 효율적인 소프트웨어 기술이 적용될 것이다.

# Part 2

## 알고리즘 이야기

**Chapter ❶** 알고리즘 이해하기

**Chapter ❷** 알고리즘 표현 방법

**Chapter ❸** 생활 속의 알고리즘 표현하기

**Chapter ❹** 코딩 학습을 위한 기초 수학

**Chapter ❺** 코딩하기 전에 순서도로 알고리즘 표현하기

# Chapter 01
## 알고리즘 이해하기

 **알고리즘과 컴퓨터 프로그래밍의 관계**

"알고리즘이란?"

알고리즘이란 단어는 아랍의 수학자인 알 콰리즈미(Al-Khwarizmi)의 이름에서 유래했다고 알려졌다. 어떤 문제를 해결해야 할 경우 그 일에 대하여 체계적이고 순서적인 절차를 상세하게 기술하는 것을 말한다. 어떠한 행동을 하기 위해서 만들어진 명령어들의 유한 집합이다. 컴퓨터 프로그램은 정교한 알고리즘들의 집합이라고 간주할 수 있다. 수학이나 컴퓨터과학에서 말하는 알고리즘은 보통 반복되는 문제를 풀기 위한 작은 프로시저(진행 절차)를 의미한다. 컴퓨터 시대 이후로는 알고리즘이 컴퓨터를 통해 실행되는 것이라고 여겨지는 경향이 있으나, 사실 알고리즘 자체는 컴퓨터가 등장하기 이전부터 존재했다. 즉, 사람이 수동으로 종이를 사용해 일정한 절차로 문제를 풀더라도 알고리즘에 해당한다. 다만 컴퓨터의 등장과 함께 알고리즘 역시 급속도로 발전하게 되었다.

사람의 문제 해결 방식(인지적·지적 작업)　　알고리즘　　컴퓨터 세계(프로그램 작업)

###  알고리즘의 역사

1830년 영국의 바베지(Charles Babbage)와 러브레이스(Ada Lovelace)에 의해 처음으로 제기되고, 이후 많은 학자들의 연구와 노력을 거쳐 도널드 어빈 크누스(Donald Ervin Knuth, 컴퓨터과학자)에 의해 본격적으로 시작되었다.

#### 상식 넓히기

**도널드 어빈 크누스**

1938년 1월 10일 위스콘신 주 밀 워키에서 출생하였다. 저명한 컴퓨터과학자이며, 현재 스탠포드대학의 명예교수다. 크누스는 컴퓨터과학 분야에서 가장 권위 있는 책《The Art of Computer Programming》의 저자로 가장 널리 알려져 있다. 알고리즘 분석 분야를 실질적으로 창조한 수준 높은 프로그래머이다.

**크누스 교수의 일화**

매년 추수감사절 때마다 가졌던 행사 가운데 하나로 샌프란시스코 만안 지방에서 연구 프로젝트에 종사하고 있는 사람들은 프로그래밍 콘테스트를 열었다. 한 해는 크누스가 그 대회에 참가해서 가장 빠른 시간에 프로그래밍을 실행시킨 사람에게 주는 상과 알고리즘을 가장 빨리 실행하는 사람에게 주는 상을 모두 휩쓸었다. 크누스는 윌버(Wilbur) 시스템이라는 원격 일괄 시스템을 이용해 최악의 시스템에서 그것을 해내었다. 사람들이 그에게 "어떻게 이런 일이 가능하지요?" 하고 물었다. 그는 "내가 프로그래밍을 배울 때는 하루에 기계와 5분을 보낼 수 있으면 꽤 운이 좋은 경우였죠. 프로그램이 작동하도록 만들고 싶다면 단지 프로그램을 제대로 작성해야 합니다. 그래서 사람들은 돌에 글을 새기듯이 프로그래밍을 배웠습니다. 그냥 그것을 향해 조금씩 다가가기만 하면 됩니다."라고 답했다. 이렇듯이 훌륭한 프로그래머가 되려면 한 걸음씩 나아가야 한다.

### 알고리즘은 무엇으로 구성되었나?

1. **입력** : 문제 해결을 위해서 외부에서 제공된 자료가 있어야 한다.
2. **출력** : 알고리즘의 처리 결과가 나와야 한다.
3. **명확성** : 단계별로 명확하여 애매함이 없어야 한다.
4. **유한성** : 알고리즘은 단계들을 유한한 횟수로 거친 후 문제를 해결하고 반드시 종료해야 한다.
5. **효과성** : 알고리즘의 모든 연산은 사람이 유한한 시간 안에 정확하게 수행할 수 있을 정도로 충분히 단순해야 한다.
6. **확정성** : 알고리즘별 단계의 결과가 확정되어야 한다.
7. **일반성** : 같은 유형의 문제(프로그램)에 모두 적용할 수 있어야 한다.

즉, 쉽게 말하면 알고리즘은 문제 해결을 위해 입력을 했다면 입력에 따라 명령을 명확하게 실행하고 효과적인 입력에 따른 결과물을 반드시 도출할 수 있어야 하며 꼭 끝이 있어야 한다.

###  좋은 알고리즘이란?(평가 기준)

우리는 알고리즘을 효율성으로 평가하게 되고, 컴퓨터에서는 시간(시간의 복잡도)과 메모리(공간 복잡도)라는 두 자원을 얼마나 소모하는지가 효율성의 중점이 된다.

# Chapter 02
## 알고리즘 표현 방법

1. **자연어** : 사람들이 일상적으로 쓰는 언어를 사용하여 알고리즘을 표현하는 방법으로 특정한 규칙이 없지만 프로그램의 개념이 없는 비전문가도 이해할 수 있고 작성할 수 있는 언어이다.

2. **의사 코드(Pseudo Code)** : pseudo는 '허위의', '가짜의'라는 뜻이다. 즉, 특정 프로그래밍 언어가 아닌 일반적인 언어로 코드를 작성한 것을 말한다. 정형화된 문법적 측면을 모두 배제하고 사고의 흐름을 빠짐없이 기록하기에 간결하면서도 효과적인 의미 전달이 가능하다. 따라서 자료 구조나 알고리즘에서 주로 표현한다.

3. **순서도**
순서도는 정해진 기호를 이용하여 알고리즘을 표현하는 방법이다. 알고리즘 표현 방식 중 가장 많이 사용하는 방식이다.

## 순서도에서 자주 사용하는 기호

| 기호 | 이름 | 설명 | 블록코딩(스크래치) | 고급언어 (C언어) |
|---|---|---|---|---|
| ⬭ | 단말 | 순서도의 시작과 종료를 나타낸다. START, END | 클릭했을 때 | main() |
| ⬡ | 준비 | 프로그램을 코딩하기 전에 변수를 선언할 때 초깃값을 설정한다. | 인원수▼ 을(를) 0 로 정하기 | 인원수 = 0 |
| ▭ | 처리 | 처리해야 할 작업을 명시한다. (프로그래밍 인원수 = 인원수 + 1) | 인원수▼ 을(를) 1 만큼 바꾸기 | 인원수 = 인원수 + 1 |
| ▱ | 입출력 | 키보드 등 입력장치로 입력하거나 모니터 등 출력장치로 출력하는 자료를 표현한다. | What's your name? 묻고 기다리기  관찰 블록 부분으로 "~했는가?" 사용자의 대답을 요구하는 경우(입력) | scanf() getchar() gets() |
| ⌓ | 프린터 | 프린터장치로 출력하는 자료를 표현한다. | Hello! 말하기  Hello! 을(를) 2 초동안 말하기  Hmm... 생각하기  Hmm... 을(를) 2 초동안 생각하기 | printf() |
| ◇ | 판단 | 명시된 조건에 따라 흐름선 1개를 선택한다. 만약에 ~라면 Yes/No, True/False | 만약 ◇ (이)라면 | if~else |
| → | 흐름선 | 작업의 흐름을 표시한다. | – | – |
| ▯ | 서브루틴 | 미리 정의해 둔 서브루틴의 처리 과정을 호출하여 사용한다. | 정의하기 서브루틴 | function 함수 |

| 기호 | 이름 | 설명 | 블록코딩(스크래치) | 고급언어(C언어) |
|---|---|---|---|---|
|  | 반복문 | 처리할 내용을 여러 번 반복할 경우에 사용한다. | 10 번 반복하기 | for문 |

##  순서도 작성 규칙

**1** 순서도는 시작 기호에서 출발해서 끝 기호로 끝난다.

**2** 기호와 기호 사이는 흐름선으로 연결한다.

**3** 흐름선의 방향은 위에서 아래로, 왼쪽에서 오른쪽으로 정한다.

# Chapter 03
## 생활 속의 알고리즘 표현하기

이처럼 자연어, 의사 코드, 순서도 등으로 표현된 알고리즘은 컴퓨터에서 바로 실행할 수 없다. 컴퓨터에서 바로 실행하려면 다양한 표현 방법의 알고리즘을 프로그래밍 언어로 작성한 프로그램 형태여야만 가능하다.

### ✅ 생활 속 알고리즘 예제 1. 라면 끓이는 알고리즘

우리가 일상적으로 먹는 라면도 조리 방법이 있다.

➡ 물 550ml에 건더기 스프를 넣고 물을 끓인 후

➡ 분말스프를 넣고 면을 넣은 후 4분간 더 끓인다.

➡ 분말스프는 식성에 따라 적당량을 넣어주고 김치, 파, 계란 등을 곁들이면 더욱 맛이 좋다.

## ✅ 생활 속 알고리즘 예제 2. 음료수 자판기에서 음료수를 꺼내는 알고리즘

자판기에서 음료수를 꺼내기 위해서 자판기가 가동하는지 확인한다.

➡ 먹고 싶은 음료수가 있는지 확인한다.

➡ 금액을 투입한다.

➡ 자판기 판매 버튼에 불이 들어오면 꺼내고자 하는 음료수 버튼을 누른다.

➡ 금액이 남으면 잔액 반환 버튼을 누른다.

➡ 잔액을 지갑에 넣는다.

➡ 자판기에서 원하는 음료수가 나오면 자판기 알고리즘은 종료한다.


## ✅ 생활 속 알고리즘 예제 3. 수학 알고리즘

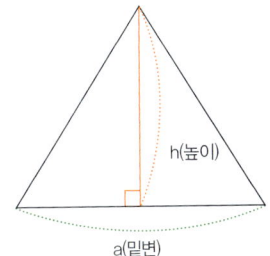

밑변: a, 높이: h가 주어질 때

$S = \dfrac{1}{2} ah$ (초·중학교에서 주로 사용하는 가장 기본적인 넓이 공식)

삼각형의 면적을 구하기 위해 '삼각형 면적=밑변 × 높이 ÷ 2'의 공식을 사용한다.

➡ 밑변과 높이를 곱한다.

➡ 그 값을 2로 나눈다.

➡ 그 결과가 바로 면적이 된다.

## ◉ 생활 속 알고리즘 예제 4. 미로찾기 게임 알고리즘

친구들과 학교 가는 길에 승마장에 들러 말을 타고 제과점에 가서 과자를 사서 학교에 가려고 한다. 가는 길은 여러 방법이 있다. 알고리즘을 만들어 보자.

예 오른쪽으로 3칸 이동한다.

➡ 아래로 1칸 이동하여 승마장에서 말을 탄다.

➡ 아래로 1칸

➡ 왼쪽으로 2칸 맛있는 쿠기 먹기

➡ 아래로 2칸

➡ 오른쪽으로 2칸 이동하면 드디어 학교에 도착한다.

# Chapter 04
## 코딩 학습을 위한 기초 수학

### 1 숫자의 표현

- 10진수 : 수를 나타낼 때, 자리가 하나씩 올라감에 따라 자리의 값이 10배씩 커지는 수의 표시 방법이다. 일상생활에서 사용하는 수다. 각 자릿수에는 0부터 9까지 나올 수 있다.

- 2진수 : 수를 나타낼 때, 자리가 하나씩 올라감에 따라 자리의 값이 2배씩 커지는 수의 표시 방법이다. 컴퓨터 내부에서 사용하는 수다. 각 자리에는 0과 1만 나올 수 있다.

- 10진수를 2진수로 바꾸는 방법

30을 2진수로 바꾸는 예
```
2 ) 30
2 ) 15 ──── 0
2 )  7 ──── 1
2 )  3 ──── 1
     1 ──── 1
```
30을 2진수로 표현하면 111100이다.

## 2 두 수의 관계

- 초과 A > B : A가 B보다 크다.
- 미만 A < B : A가 B보다 작다.
- 이상 A ≥ B : A가 B보다 크거나 같다.
- 이하 A ≤ B : A가 B보다 작거나 같다.

## 3 절댓값

A의 절댓값은 수직선 위에서 원점과의 거리를 나타내는 값이다. 절댓값은 양수와 음수에서 부호 +, − 를 떼어 놓은 수이다.

## 4 배수와 약수 등

- 배수 : 어떤 수를 1배, 2배, 3배…한 수　예　4의 배수 : 4, 8, 12, 16, 20…
- 약수 : 어떤 수를 나누어 떨어지게 하는 수. 어떤 수의 약수에는 1과 자기 자신도 포함됨

　　예　4의 약수 : 1, 2, 4

　　　　6의 약수 : 1, 2, 3, 6

- 소수 : 약수가 1과 자기뿐인 수　예　2, 3, 5, 7, 11, 13, 17…
- 공약수 : 두 개 이상인 자연수의 공통된 약수　예　4와 6의 공약수는 1, 2
- 최대공약수 : 공약수 중에서 가장 큰 수　예　4와 6의 최대공약수는 2
- 공배수 : 두 개 이상의 자연수의 공통인 배수　예　4와 6의 공배수는 12, 24…
- 최소공배수 : 공배수 중에서 가장 작은 수　예　4와 6의 최소공배수는 12
- 서로소 : 공약수가 1뿐인 자연수, 최대공약수가 1인 두 자연수
- 최대공약수와 최소공배수의 관계 : 두 수를 A, B라고 할 때 A= Ga, B= Gb라고

표현된다면 이때 a와 b는 서로소임. 이때 L= Gab이며, LG = GabG = AB의 관계가 존재함

> 예 A = 4, B = 6이라고 하면 G = 2, A = Ga = 2 × 2, B = Gb = 2 × 3,
> L = Gab = 2 × 2 × 3 = 12 또는 L = AB ÷ G = 4 × 6 ÷ 2 = 12

# Chapter 05
## 코딩하기 전에 순서도로 알고리즘 표현하기

**1** 1 + 2 + 3 + 4 + ⋯ +100까지의 합을 구하는 알고리즘을 순서도를 통해 알아보기

0에서 1씩 증가시켜 100까지 변경되는 수열을 더하려면 두 개의 변수를 이용하면 된다.

· 변수 설명

　`i변수` 1씩 증가되는 숫자가 저장될 변수, 즉 1, 2, 3⋯ 100까지 차례로 변경된다. 한 개의 변수 i에는 수열의 각 항을 만들기 위해 1~100까지 증가시킬 수 있도록 1씩 더한다.

　`j변수` 다른 한 개의 변수 j에는 수열의 각 항이 1씩 증가할 때마다 그 값을 누적하여 저장한다. 즉, 1 + 2 + 3 + ⋯ + 100까지의 값이 저장된다.

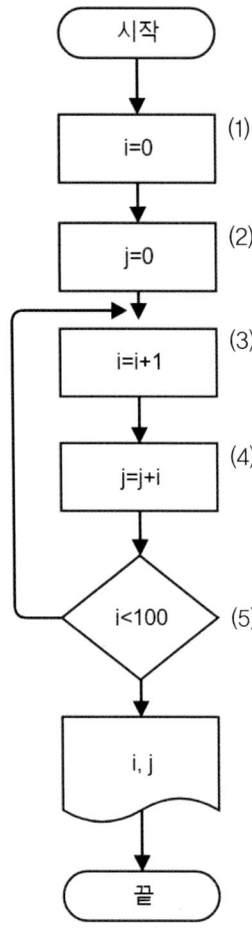

(1) (1) i는 1씩 누적되며 증가하는 변수이므로 i를 0으로 초기화한다.

(2) (2) j는 i의 값을 누적하는 변수이므로 0으로 초기화한다.

(3) (3) 수열의 각 항을 만든다. i = i + 1, i가 위에서 0이므로 0 + 1 = 1이다.

(4) (4) 수열의 각 항, 즉 1부터 100까지의 합계를 구하기 위해 j변수에 i변수의 값을 누적한다. j = j + i에 위의 변수의 값을 대입하면 j = 0, i = 1이므로 j = 0 + 1이 된다. 다음에 i의 값이 2가 되면 j는 0 + 1에 + 2가 된다. 0 + 1 + 2…

(5) (5) 마름모 순서도는 판단, 조건에 해당하므로 '만약 ~라면'으로 해석하면 된다. 만약에 i<100이 참이라면 3으로 돌아가서 3, 4를 반복한다. 그렇지 않다면 i, j를 출력한다.

**2** $-(\frac{1}{2})+(\frac{2}{3})-(\frac{3}{4})+(\frac{4}{5})\cdots\cdots-(\frac{99}{100})$ 합계를 구하는 순서도를 이용한 알고리즘

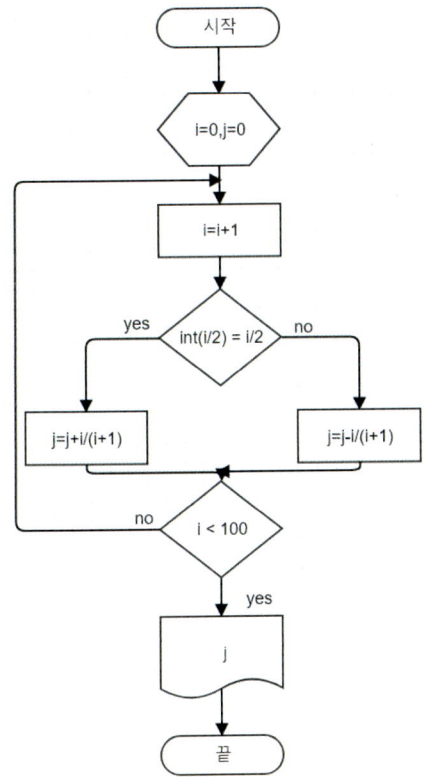

· 알고리즘을 풀 때 생각해야 할 것

　이 수열의 계산은 분모를 생각하지 말고 분자만 1~99까지 증가시키는 수열이라고 단순화시킨다. 즉, 분자는 1~99까지 증가시키고, 분자에 1을 더해 분모를 만들면 된다. 분자가 홀수이면 누적된 값에서 빼고 짝수이면 누적된 값에 더하는 작업을 분자가 99가 될 때까지 반복한다.

· 사용할 변수

　i는 분자를 만들어내는 변수 1, 2, 3 … 99

j는 분수의 항을 누적하는 변수 - (1/2) + (2/3) - (3/4) +… - (99/100)

　만약에 int(i/2) = i/2이면 i의 값이 짝수면 int는 나눗셈에서 정수값만을 구한다. 짝수면 int(i/2)와 i/2의 값은 같은 값이 된다. 분자가 짝수면 누적 변수에 덧셈을 하고 분자가 홀수면 누적 변수에 뺄셈을 한다.

## 3 최대공약수와 최소공배수를 구하는 알고리즘

· 최대공약수와 최소공배수의 알고리즘의 원리

　　최대공약수(GCM)와 최소공배수(LCM)를 구할 두 수 중 큰 수와 작은 수를 정한 뒤 큰 수를 작은 수로 나누어 나머지를 구한다. 이때 나머지가 0이면 그때의 작은 수가 최대공약수이고, 원래의 두 수를 곱한 값을 최대공약수로 나눈 값이 최소공배수이다. 만약 큰 수를 작은 수로 나누었을 때 나머지가 0이 아니면, 그때의 작은 수를 큰 수로 하고 나머지를 작은 수로 하여 나머지가 0이 될 때까지 반복한다.

· 변수 설명

　`a, b` 　최대공약수와 최소공배수를 구하기 위해 입력받은 첫 번째, 두 번째 수가 저장될 변수

　`big` 　입력받은 수 중 큰 수가 저장될 변수

　`small` 　입력받은 수 중 작은 수가 저장될 변수

　`mok` 　큰 수를 작은 수로 나눈 몫이 저장될 변수

　`nmg` 　큰 수를 작은 수로 나누었을 때 나머지가 저장될 변수

　`gcm` 　최대공약수가 저장될 변수

　`lcm` 　최소공배수가 저장될 변수

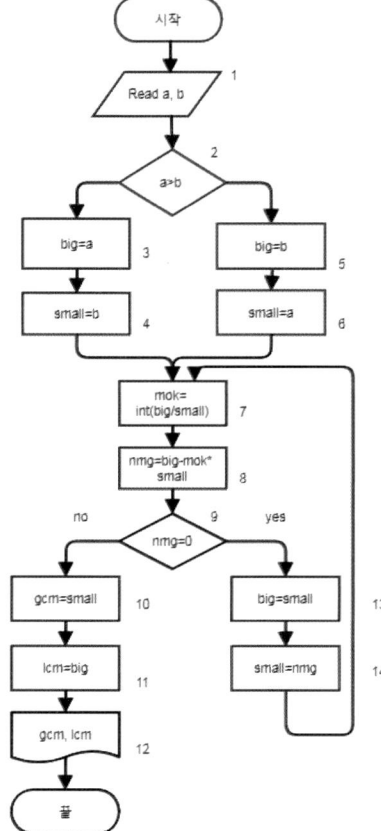

(1) 최대공약수와 최소공배수를 구할 두 수를 입력받는다. a와 b의 대소를 비교하여 큰 수와 작은 수를 결정한다.
(2) 만약 a 〉 b이면 왼쪽(3, 4번)으로, 아니면 오른쪽(5, 6번)으로 간다.
(3) 큰 수 a를 big 변수에 넣는다.
(4) 작은 수 b를 small 변수에 넣는다.
(5) 큰 수 b를 big 변수에 넣는다.
(6) 작은 수 a를 small 변수에 넣는다.
(7) mok(몫)은 big(큰 수) / small(작은 수)의 정숫값이다. 예를 들면 big = 10, small = 4라고 하면 10 / 4 = 2.5인데 정숫값 2를 mok 변수에 넣는다.
(8) nmg(나머지) = big(큰 수) − mok(몫) * small(작은 수)은 나머지는 10 − 2 * 4 = 2이다.
(9) nmg = 0 나머지가 0, yes라면 오른쪽으로 no라면 왼쪽으로 분기한다.
(10) gcm = small이다.
(11) lcm = big이다.
(12) gcm과 lcm을 출력한다.
(13) big = small. big에 small값을 넣는다. 8번의 예제를 이어 설명한다면 big에 4를 넣는다.
(14) small = nmg. small에 nmg값을 넣는다. 나머지 2를 small에 넣는다. 그리고 7번으로 다시 가서 내려오면서 다시 수행한다.

# Part 3
## 블록 코딩 스크래치

CODE

Chapter ❶ 스크래치 이해하기
Chapter ❷ 공개된 스크래치 살펴보기
Chapter ❸ 스크래치 화면과 메뉴
Chapter ❹ 스크래치 블록

# Chapter 01 스크래치 이해하기

###  스크래치 개요

　스크래치는 소프트웨어를 만드는 도구로 미국국립과학재단, 마이크로소프트, 인텔, 노키아, MIT미디어 연구소로부터 재정지원을 받아 MIT미디어 연구소의 Lifelong Kindergarten Group에 의해 개발된 후 2007년 출시되었다.

　일반적인 프로그래밍 언어와는 다른 명령이 블록으로 만들어져 있어서 마우스를 드래그하여 블록을 맞추듯이 프로그래밍을 만들 수 있어서 오류에 대한 부담감을 줄일 수 있는 블록 코딩 프로그램이다. 그래서 코딩의 문법을 처음 배우는 사람들이 오류 없이 쉽게 코딩하면서 알고리즘의 개념을 익히고, 프로그램 언어를 익혀나갈 수 있는 코딩언어이다.

###  스크래치 사이트

　인터넷을 켜고 http://scratch.mit.edu 사이트에 접속한다.

## 스크래치 가입하기

**1** **1단계** : 스크래치 사용자 이름과 비밀번호를 입력하고, 비밀번호 확인 부분에 비밀번호를 다시 입력한다.

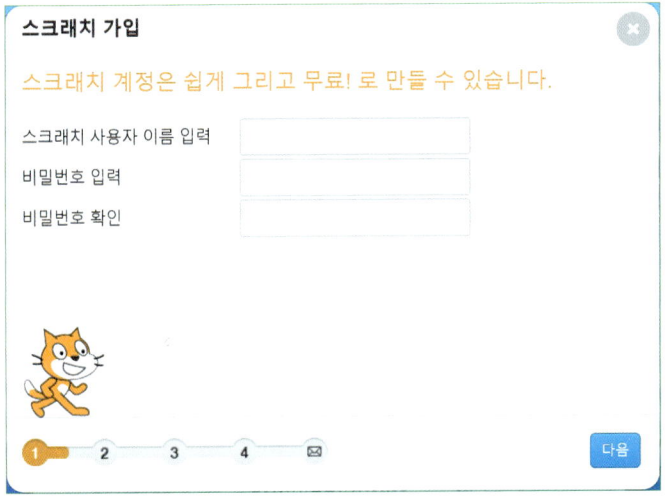

화면의 오른쪽 상단에 스크래치 가입이라는 글자를 클릭하면 스크래치 가입을 할 수 있는 화면이 나온다. 그곳에 사용자 이름을 입력한다. 실명을 사용하지 말고 별명을 입력한다. 보통 컴퓨터의 아이디는 영어와 숫자와 특수문자를 섞어서 만든다. 나중에 잊어버리지 않도록 주의해서 사용자 이름을 만든다.

비밀번호 입력란에 최소 6자 이상 비밀번호를 입력한다. 아래 비밀번호 확인란도 비밀번호 입력란과 동일하게 입력한다.

**2 2단계 :** 생년월일, 성별, 국가를 입력한다.

"이 질문들에 대한 응답은 개인 정보로 보호될 것입니다." 왜 이렇게 쓰여 있을까?

컴퓨터는 자료를 기억장치라는 곳에 저장한다. 우리가 문서 작업을 하면 하드디스크에 저장된다. 인터넷에서 보는 홈페이지 자료도 어딘가에 저장되어 있어야 할 것이다. 우리가 배우는 스크래치 사이트도 먼 나라의 컴퓨터에 저장되어 있다. 그것을 우리는 서버라고 부른다. 우리가 지금 회원가입하면 그것에 대한 정보도 자료로 만들어져 계속 저장되어 있어야 한다. 그런데 우리 정보를 함부로 이용하면 안 된다. 그래서 개인 정보를 함부로 다루지 말라고 법적으로 보호하고 있다.

- '생년월일을 입력합니다.' 생년월일을 고르는 단추는 1~12월 중에서 자기 생월을 고르도록 되어 있으며 드롭단추라고 한다.
- '성별을 선택합니다.'는 남자 아니면 여자 둘 중 한 가지를 고르는 라디오 단추다. 그렇다면 여자 뒤에 있는 네모 칸을 뭐라고 할까? 이것은 텍스트 상자라고 한다. 텍스트 상자는 키보드로 입력할 수 있도록 만든 입력 상자다.
- '국가를 고르세요.' 우리나라는 대한민국이니 South Korea를 고르면 된다.

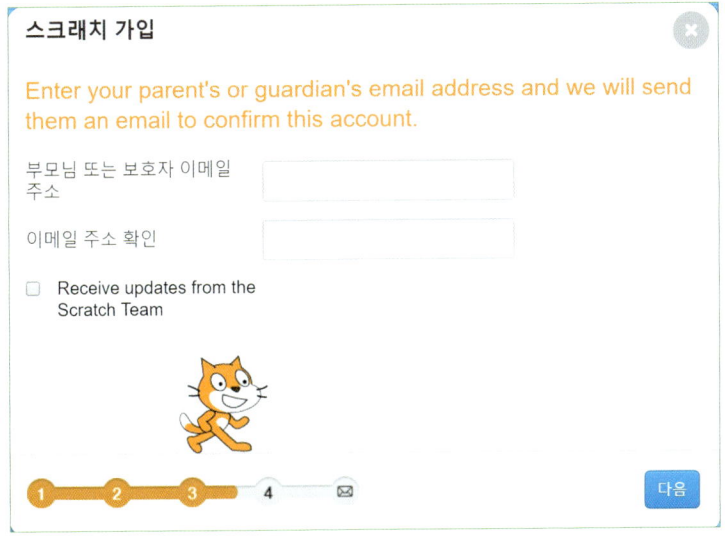

이메일 주소를 입력하면 계정을 확인하는 이메일이 발송된다. 이메일 주소를 입력한다. 이메일 주소 확인 칸에는 이메일 주소와 같은 주소를 한 번 더 입력한다.

스크래치 팀으로부터 업데이트를 받으려면 Receive updates from the Scratch Team 을 체크한다.

'다음'을 누른다. 드디어 스크래치가 가입되었다.

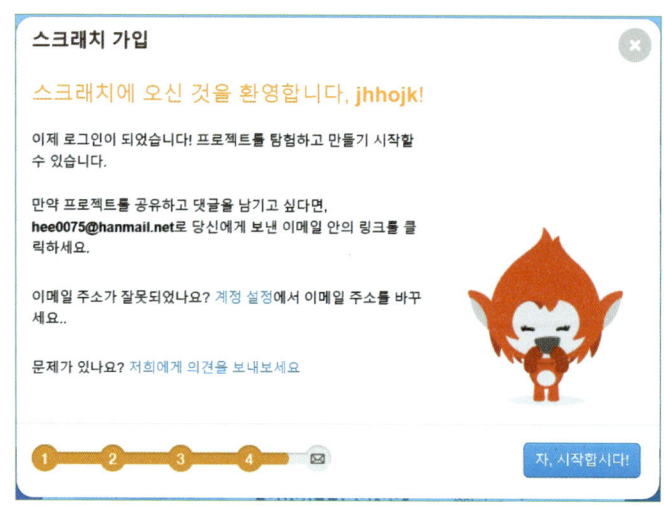

'자, 시작합시다!' 버튼을 누른다.

## 내 정보, 내 작업실, 계정설정, 로그아웃 확인하기

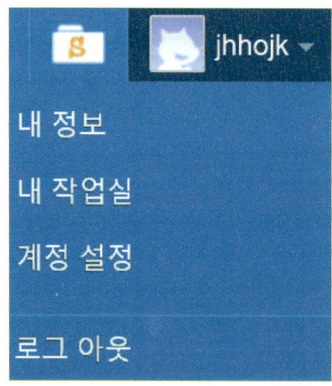

### 1 내 정보 입력하기

- 내 소개 위의 이미지에 커서를 올려놓으면 change 글씨가 보인다. 나의 사진을 넣고 싶으면 이곳을 클릭한다. 사진이 입력되지 않으면 해상도를 낮게 하여 넣는다. jpg나 png 이미지를 넣는다.

- 내 소개에 나를 소개하는 글을 작성해 준다. 예 한국에 사는 오애진, 오수진이야!

- 내가 하고 있는 일을 작성한다. 예 스크래치 공부

2 내 작업실은 스크래치 프로젝트 작업한 것을 관리하는 곳

프로젝트 작업을 하지 않았으면 내 작업실에 아무것도 없을 것이다.

 스크래치를 만들 수 있는 에디터 화면으로 바뀐다.

## 메뉴의 기능

- SCRATCH : 스크래치 홈 메뉴로 이동한다. 여러 가지 작업을 하다가 첫 화면으로 이동하려면 이 아이콘을 누르면 된다.

- 만들기를 누르면 스크래치 프로젝트를 작업할 수 있는 화면으로 이동할 수 있다.
- 홈으로 돌아가려면  를 누르면 된다.

### 상식 넓히기

**프로젝트란?**
프로젝트(Project)는 일정한 기간 안에 일정한 목적을 달성하기 위해 수행하는 업무의 묶음을 말한다.

# Chapter 02
## 공개된 스크래치 살펴보기

탐험하기를 눌러 보자.

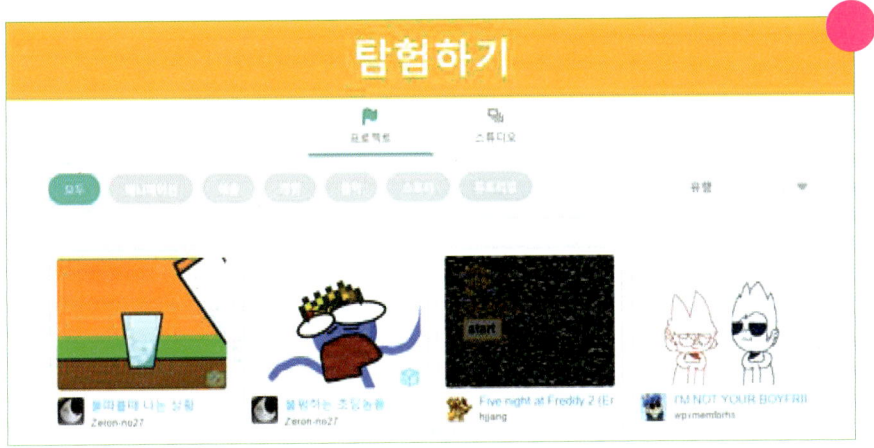

애니메이션, 예술, 게임, 음악, 스토리, 튜토리얼 등 다양한 종류의 스크래치를 볼 수 있는 곳이다.

## 💠 실습하기 1. 애니메이션에서 다음 애니메이션을 찾아 보기

Intruders
ffred

Lucky's World
Bubbles166

Worlds away (A Platfo
ProgrammingDog

자료 수집(주제와 소재를 파악해보자)

## 💠 실습하기 2. 게임에서 다음 게임을 찾아서 해 보기

 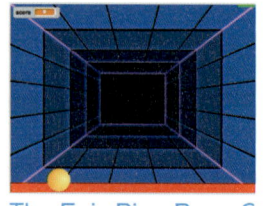 

Dress-Up
Lovesilk

The Epic Ping-Pong G
Noob4Life101

Arizona
Chirple

## 실습하기 3. 예술에서 찾아서 실행하기(실행하려면 초록 깃발을 누른다)

Dice Master
kevin_eleven_1234

The White House
arexo

[Die Trying - Original Mer
MistCat

# Chapter 03
## 스크래치 화면과 메뉴

### 1 스크래치 화면 구성

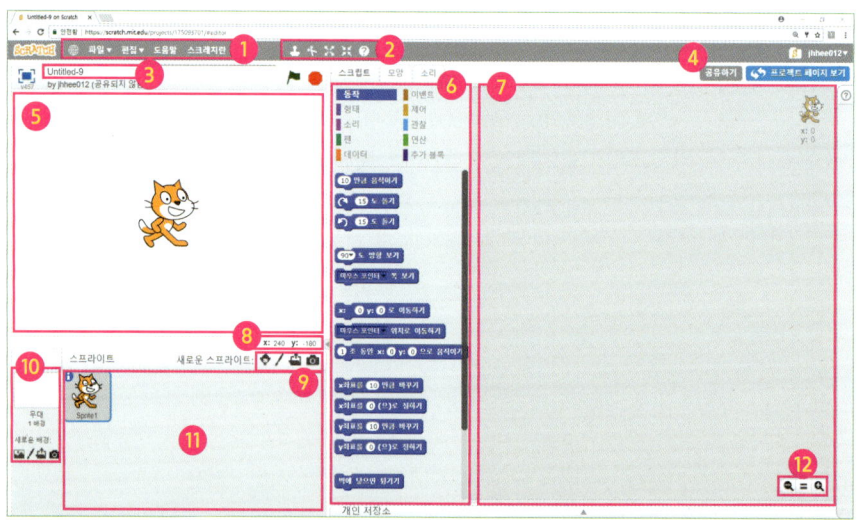

1 **메뉴** : 언어 선택(), 파일, 편집, 도움말, '스크래치란'을 이용할 수 있다.

2 **툴바** : 복사, 삭제, 확대, 축소, 블록 도움말 기능을 이용할 수 있다.

3 **프로젝트 이름** : 현재 작업 중인 프로젝트 이름을 입력하거나 수정할 수 있다.

④ **공유하기** : 현재 프로젝트를 다른 사람과 공유할 수 있도록 하는 버튼이다.

⑤ **무대** : 스프라이트가 작동하는 화면이다.

⑥ **블록 모음** : 프로그램을 작성하기 위한 블록들을 모아 둔 곳이다.

⑦ **스크립트 영역** : 블록을 이용하여 스크립트(프로그램)를 작성하는 곳이다.

⑧ **마우스의 좌표** : 마우스의 현재(x, y) 좌표를 나타낸다.

⑨ **새로운 스프라이트** : 저장소에서 스프라이트 선택, 새 스프라이트 그리기, 스프라이트 업로드하기, 카메라로부터 새 스프라이트 만들기를 할 수 있다.

⑩ **무대 정보** : 현재 무대의 정보를 보여 주고 새로운 배경을 선택할 수 있다. 저장소에서 배경 선택, 배경 새로 그리기, 배경파일 업로드하기, 웹캠으로 배경 찍기를 할 수 있다.

⑪ **스프라이트 목록** : 프로젝트에 포함된 스프라이트를 보여 준다.

⑫ **스크립트 영역의 크기 조정** : 작게, 원래대로, 크게 보여 준다.

## 2 저장하기

다 만들었거나 만들다가 중간에 저장을 하려면 'play1'(만드는 사람 마음대로)이라고 작성한다. 'play1'을 파일명이라고 한다. 파일명은 일반적으로 영어 단어로 쓰는 습관을 들이는 것이 좋다.

파일 – 저장하기를 누른다.

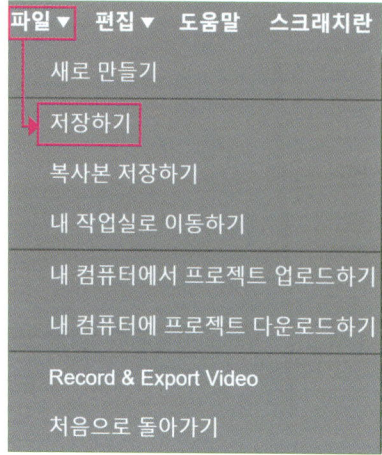

저장 위치는 인터넷으로 저장된다. 그러므로 다른 곳에 가서도 내가 작업한 스크래치를 불러서 보여 줄 수 있다.

### 3 파일 불러오기

오른쪽 상단 끝 부분에 S로 된 아이콘을 클릭하면 내 작업실이 나온다.

내 작업실에서 불러오려는 'play1'을 클릭하거나 스크립트 보기를 누른다.

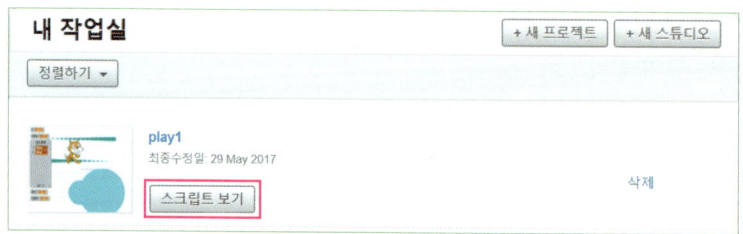

play1을 누르면 실행하는 화면으로 바뀌어서 실행해 볼 수 있고, 편집을 더 이어가야 할 경우 스크립트 보기를 누르면 프로그램 작업을 계속할 수 있다.

스프라이트 작업 공간

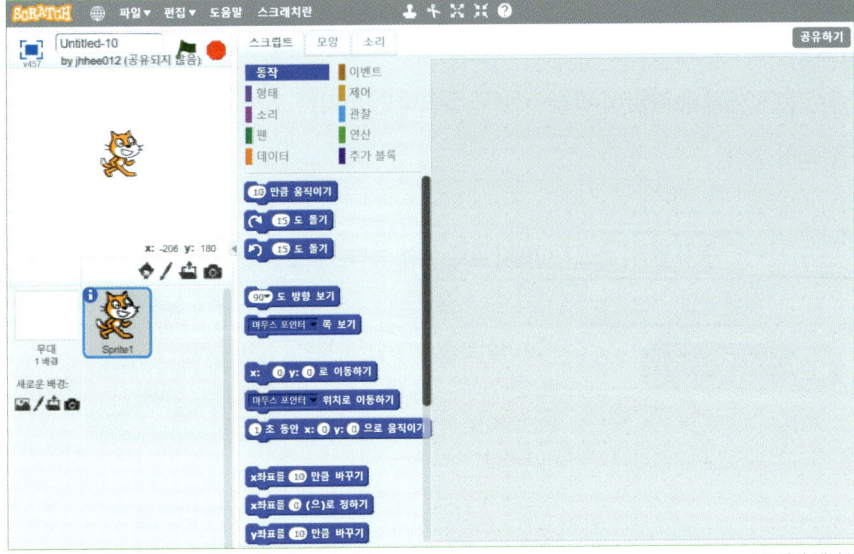

스크래치 에디터

Chapter 03 스크래치 화면과 메뉴

# Chapter 04
## 스크래치 블록

 스크래치를 본격적으로 사용하기 전에 스크래치 블록 모양의 명칭과 설명을 정리하였다. 예제를 따라서 만들어 보고 실습하면서 익혀 보자. 예제를 하고 실행(깃발)을 눌러 본다.

| 동작 블록 : 스프라이트의 위치, 방향, 움직임을 조절하는 기능이다. ||| 
| :---: | :---: | :---: |
| 블록 모양 | 설명 | 실습 예제 |
| 10 만큼 움직이기 | • 스프라이트를 10만큼 움직인다. 음수(예 : -10)를 입력하면 스프라이트가 반대 방향으로 이동한다.<br>• 스크래치 스테이지(무대)는 폭 480단계, 높이 360단계이다. | 스페이스 ▼ 키를 눌렀을 때<br>10 만큼 움직이기 |
| 30 도 돌기 | 스프라이트를 설정된 각도로 오른쪽(시계 방향)으로 돌린다. | 30° 고양이 이미지 |

Part 3 블록 코딩 스크래치

| 동작 블록 : 스프라이트의 위치, 방향, 움직임을 조절하는 기능이다. | | |
|---|---|---|
| 블록 모양 | 설명 | 실습 예제 |
| ⤺ 30 도 돌기 | 스프라이트를 설정된 각도로 왼쪽(반시계방향)으로 돌린다. | |
| 90▼ 도 방향 보기<br><br>90▼ 도 방향 보기<br>(90) 오른쪽<br>(-90) 왼쪽<br>(0) 위<br>(180) 아래 | 설정된 방향으로 향하게 한다. | point in direction 90▼<br>point in direction -90▼<br>point in direction 0▼<br>point in direction 180▼ |
| 마우스 포인터 ▼ 쪽 보기 | • 마우스 포인터나 다른 스프라이트 쪽으로 본다.<br>• 마우스를 움직이고 스페이스 바를 눌러 본다. | 스페이스 ▼ 키를 눌렀을 때<br>10 만큼 움직이기<br>마우스 포인터 ▼ 쪽 보기 |
| x: 0 y: 0 로 이동하기 | 스프라이트를 x는 가로 위치, y는 세로 위치로 이동한다. | 스페이스 ▼ 키를 눌렀을 때<br>x: 0 y: 0 로 이동하기 |
| 마우스 포인터 ▼ 위치로 이동하기 | 스프라이트를 마우스 포인터나 다른 스프라이트의 위치로 이동한다. | 스페이스 ▼ 키를 눌렀을 때<br>마우스 포인터 ▼ 쪽 보기<br>마우스 포인터 |
| 1 초 동안 x: 0 y: 0 으로 움직이기 | 설정한 시간 동안 스프라이트를 (x, y) 좌표로 움직인다. 설정 시간이 적으면 빠르고 많으면 느려진다. | 클릭했을 때<br>x: -50 y: -100 로 이동하기<br>2 초 동안 x: -10 y: -5 으로 움직이기 |

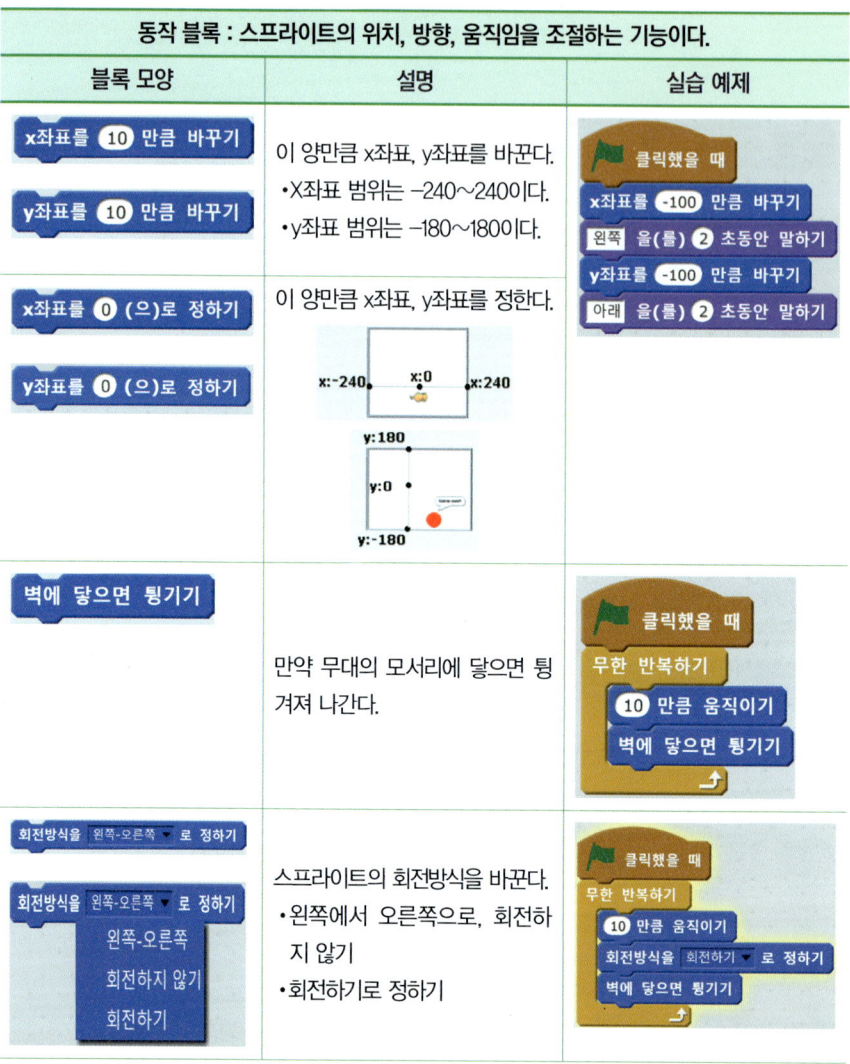

## 동작 블록 : 스프라이트의 위치, 방향, 움직임을 조절하는 기능이다.

| 블록 모양 | 설명 | 실습 예제 |
|---|---|---|
| x좌표 | 스프라이트의 x좌표(가로)의 위치 값을 얻을 수 있다. | 클릭했을 때<br>X좌표는 와 x좌표 결합하기 을(를) 2 초동안 말하기<br>Y좌표는 와 y좌표 결합하기 을(를) 2 초동안 말하기<br>방향은 와 방향 결합하기 을(를) 2 초동안 말하기 |
| y좌표 | 스프라이트의 y좌표(세로)의 위치 값을 얻을 수 있다. | |
| 방향 | 스프라이트의 각도 방향 값을 얻을 수 있다. | |

## 형태 블록 : 무대와 스프라이트의 형태를 조작하는 기능을 제공한다.

| 블록 모양 | 설명 | 실습 예제 |
|---|---|---|
| Hello! 을(를) 2 초동안 말하기 | • 네모 칸에 글자를 쓰고 동그라미 칸에 숫자를 쓴다.<br>• 네모 칸의 '안녕'이라는 글자를 동그라미 칸의 2초만큼 말풍선으로 보여 준다.<br>안녕!! | 클릭했을 때<br>안녕!! 을(를) 2 초동안 말하기 |
| Hello! 말하기 | 네모 칸의 글자를 말풍선으로 보여 준다. | 클릭했을 때<br>나의 이름은 와 정현희야 결합하기 말하기 |
| Hmm... 을(를) 2 초동안 생각하기 | 네모 칸의 글자를 동그라미 칸의 초만큼 생각 풍선으로 보여 준다.<br>음~~ | 클릭했을 때<br>음~~ 을(들) 2 초동안 생각하기<br>duck 재생하기 |
| Hmm... 생각하기 | 네모 칸의 글자를 생각 풍선으로 보여 준다. | — |

| 형태 블록 : 무대와 스프라이트의 형태를 조작하는 기능을 제공한다. | | |
|---|---|---|
| 블록 모양 | 설명 | 실습 예제 |
| 보이기 | 스프라이트를 무대에서 보이게 한다. | 클릭했을 때 / 무한 반복하기 / 보이기 / 1 초 기다리기 / 숨기기 / 1 초 기다리기 / 보이기 |
| 숨기기 | 스프라이트를 무대에서 숨기게 한다. | |
| 모양을 abby-b (으)로 바꾸기 | 스프라이트의 모양을 선택하여 바꾼다. | 클릭했을 때 / 무한 반복하기 / 모양을 butterfly1-a (으)로 바꾸기 / 1 초 기다리기 / 모양을 abby-b (으)로 바꾸기 / 1 초 기다리기 / 모양을 abby-b (으)로 바꾸기 / 1 초 기다리기 |
| 다음 모양으로 바꾸기 | 스크립트의 모양에다 다른 모양을 나열한 후 다음 모양으로 바꾼다. | 클릭했을 때 / 무한 반복하기 / 1 초 기다리기 / 다음 모양으로 바꾸기 |
| 배경을 backdrop1 (으)로 바꾸기 | 무대 배경을 설정한 무대 배경으로 바꾼다. | 클릭했을 때 / 3 번 반복하기 / 1 초 기다리기 / 다음 모양으로 바꾸기 / 배경을 backdrop1 (으)로 바꾸기 |

**형태 블록 : 무대와 스프라이트의 형태를 조작하는 기능을 제공한다.**

| 블록 모양 | 설명 | 실습 예제 |
|---|---|---|
| 색깔▼ 효과를 25 만큼 바꾸기 | • 스프라이트의 색깔, 어안렌즈, 소용돌이, 픽셀화, 모자이크, 밝기, 반투명효과를 설정한 값만큼 바꾸면서 효과를 만든다.<br>• 반복문에 넣으면 값만큼 계속 변경된다. | 클릭했을 때<br>3 번 반복하기<br>　1 초 기다리기<br>　반투명▼ 효과를 25 만큼 바꾸기<br>　다음 모양으로 바꾸기 |
| 색깔▼ 효과를 0 (으)로 정하기 | • 스프라이트의 색깔, 어안렌즈, 소용돌이, 픽셀화, 모자이크, 밝기, 반투명효과를 설정한 값만큼 바꾸고 효과를 만든다.<br>• 반복문에 넣어도 해당하는 값으로만 바꾸어 효과를 준다. | - |
| 그래픽 효과 지우기 | 스프라이트의 위에서의 모든 효과를 지운다. 그래서 초기화된다. | set color▼ effect to 150<br>set fisheye▼ effect to 100<br>wait 1 secs<br>clear graphic effects<br><br>now　　1 second later |
| 크기를 10 만큼 바꾸기 | 스프라이트의 크기를 설정한 숫자만큼 바꾼다. 양수면 커지고 음수면 작아진다. | when ▶ clicked<br>change size by 50<br>wait 1 secs<br>change size by -50 |

| 형태 블록 : 무대와 스프라이트의 형태를 조작하는 기능을 제공한다. | | |
|---|---|---|
| 블록 모양 | 설명 | 실습 예제 |
| 크기를 100 % 로 정하기 | 스프라이트의 크기를 설정한 비율만큼 바꾼다. 100보다 크면 커지고 100보다 작으면 작아진다. | - |
| 맨 앞으로 순서 바꾸기 | 스프라이트를 맨 앞으로 가져온다. | - |
| 1 번째로 물러나기 | 여러 층의 스프라이트인 경우 해당하는 스프라이트의 층으로 바꾸어 줄 때 사용한다. | - |
| 모양 # | 스프라이트의 현재 모양 번호를 반환한다. | 클릭했을 때<br>다음 모양으로 바꾸기<br>만약 모양 # = 1 (이)라면<br>pop▼ 재생하기 |
| 배경 이름 | 무대의 현재 배경 이름을 반환한다. | - |
| 크기 | 스프라이트의 원래 크기에서 현재 크기의 백분율 값을 구한다. | - |

| 소리 블록 : 소리와 관련된 기능을 설정한다. | | |
|---|---|---|
| 블록 모양 | 설명 | 실습 예제 |
| pop▼ 재생하기 | 소리 탭의 소리 파일의 종류에서 해당하는 파일을 재생하면서 다음 블록을 실행한다. | 스페이스▼ 키를 눌렀을 때<br>pop▼ 재생하기 |

| 소리 블록 : 소리와 관련된 기능을 설정한다. |||
|---|---|---|
| 블록 모양 | 설명 | 실습 예제 |
| pop▼ 끝까지 재생하기 | 소리 탭의 소리 파일의 종류에서 해당하는 파일의 재생을 끝까지 다하고 다음 블록을 실행한다. | 스페이스▼ 키를 눌렀을 때<br>pop▼ 재생하기<br>meow<br>duck<br>pop<br>녹음... |
| 모든 소리 끄기 | 재생되고 있는 모든 소리를 끈다. | new song▼ 을(를) 받았을 때<br>모든 소리 끄기<br>pop▼ 재생하기 |
| 1▼ 번 타악기를 0.25 박자로 연주하기 | 1~18번까지 각종 타악기를 박자로 연주한다. | 3 번 반복하기<br>1▼ 번 타악기를 0.25 박자로 연주하기<br>(1) 스네어 드럼<br>(2) 베이스 드럼<br>(3) 사이드 스틱<br>(4) 크래시 심벌<br>(5) 오픈 하이-햇<br>(6) 닫힌 하이-햇<br>(7) 탬버린<br>play drum 1▼ for 0.2 beats<br>(1) Snare Drum<br>(2) Bass Drum<br>(3) Side Stick<br>(4) Crash Cymbal<br>Or, type in a number from 1 to 22<br>play drum 4▼ for 0.2 beats<br>Note: the length of a beat can be set with<br>set tempo to ◯ bpm |
| 0.25 박자 쉬기 | 설정한 박자만큼 쉰다. | 60▼ 번 음을 0.5 박자로 연주하기<br>0.25 박자 쉬기 |
| 60▼ 번 음을 0.5 박자로 연주하기 | 피아노가 나오면서 해당 음을 박자로 연주하면서 음악을 만들 수 있다. | play note 60 for 0.5 beats<br>play note 64 for 0.5 beats<br>rest for 0.2 beats<br>play note 67 for 0.5 beats |

| 소리 블록 : 소리와 관련된 기능을 설정한다. |||
|---|---|---|
| 블록 모양 | 설명 | 실습 예제 |
| 1▼ 번 악기로 정하기 | 1~21번까지 연주에 사용할 악기를 정한다. | when space key pressed<br>set instrument to 1▼<br>play note 60 for 0.5 beats<br>set instrument to 21▼<br>play note 53 for 0.5 beats |
| 음량을 -10 만큼 바꾸기 | 스프라이트의 소리 볼륨을 지정한 양만큼 바꾼다. 볼륨은 0~100, 기본볼륨은 100이다. | when ▶ clicked<br>set volume to 100 %<br>forever<br>　play sound pop▼ until done<br>　change volume by -10<br>　if  volume = 0  then<br>　　stop other scripts in sprite▼ |
| 음량을 100 % (으)로 정하기 | 스프라이트의 소리 볼륨을 값으로 정한다. | 스페이스▼ 키를 눌렀을 때<br>음량을 100 % (으)로 정하기<br>meow▼ 재생하기 |
| ☐ 음량 | 스프라이트의 음량의 볼륨을 반환한다. | when ▶ clicked<br>set volume to 100 %<br>forever<br>　play sound pop▼ until done<br>　change volume by -10<br>　if  volume = 0  then<br>　　stop other scripts in sprite▼ |

| 소리 블록 : 소리와 관련된 기능을 설정한다. |||
|---|---|---|
| 블록 모양 | 설명 | 실습 예제 |
| 빠르기를 20 만큼 바꾸기 | 스프라이트의 빠르기를 지정한 양만큼 바꾼다. 빠르기는 음정과 타악기의 연주속도다. bpm은 beats per minutes, 즉 1분당 비트 수다. | when clicked<br>set tempo to 60 bpm<br>forever<br>  play note 60 for 0.5 beats<br>  change tempo by 20<br>  if tempo > 500 then<br>    stop this script |
| 빠르기를 60 bpm 으로 정하기 | 스프라이트의 빠르기를 지정한 양만큼 정한다. 빠르기는 음정과 타악기의 연주속도다. bpm은 beats per minutes, 즉 1분당 비트 수다. | when clicked<br>set tempo to 60 bpm<br>forever<br>  play note 60 for 0.5 beats<br>  change tempo by 20<br>  if tempo > 500 then<br>    stop this script |
| 박자 | 1분당 비트 수를 반환함으로써 현재 스프라이트의 박자를 얻을 수 있다. | - |

| 펜 블록 : 펜을 조작하는 기능이다. |||
|---|---|---|
| 블록 모양 | 설명 | 실습 예제 |
| 지우기 | 무대의 모든 펜 자국과 도장 자국을 지운다. | clear<br>무대에서 모든 펜 자국과 도장을 지웁니다.<br><br>clear<br>참고: 펜 자국과 도장은 배경의 일부분이 아닙니다. 그러므로, 지우기를 실행하더라도 배경은 바뀌지 않습니다. |
| 도장찍기 | 스프라이트 이미지를 무대에 도장을 찍듯이 똑같이 복사하는 경우에 사용한다. | clear<br>repeat 8<br>  move 70 steps<br>  turn 45 degrees<br>  stamp |
| 펜 내리기 | 스프라이트의 펜을 내려서 이동 경로를 나타낸다. 연필(펜)을 내리고 이동하기 때문에 선이 그려지는 것이다. | pen down<br>move 80 steps<br>pen up<br>move 80 steps |
| 펜 올리기 | • 펜을 올려서 이동 경로를 나타내지 않는다.<br>• 연필을 올리고 이동하기 때문에 공백이 나오는 것이다. | |

| 펜 블록 : 펜을 조작하는 기능이다. | | |
|---|---|---|
| 블록 모양 | 설명 | 실습 예제 |
| 펜 색깔을 ■ (으)로 정하기 | • 펜의 색깔을 지정하여 이동 경로 나올 때 색깔을 정한다.<br>• 펜의 색깔로 옆에 네모 안의 색깔을 클릭하고 바꾸고자 하는 색을 무대나 스프라이트에서 클릭하면 두 번째 클릭한 색으로 펜의 색깔이 바뀐다. | |
| 펜 색깔을 10 만큼 바꾸기 | 펜의 색깔을 10만큼씩 바꾼다. | |
| 펜 색깔을 0 (으)로 정하기 | 펜의 색깔을 숫자나 변수로 설정할 수 있다. 숫자 0은 빨간색, 숫자 70은 녹색, 숫자 130은 파란색, 숫자 170은 자홍색이다. 0~200 범위이다. | |
| 펜 명암을 10 만큼 바꾸기 | • 펜의 명암을 0~100 사이의 숫자로 바꾼다.<br>• 0이면 검정색에 가깝고 100이면 흰색에 가깝다. | |

Chapter 04 스크래치 블록

| 펜 블록 : 펜을 조작하는 기능이다. |||
| :---: | :---: | :---: |
| 블록 모양 | 설명 | 실습 예제 |
| 펜 명암을 50 (으)로 정하기 | 명암을 조정하는 기능으로 0~100까지의 숫자로 조정한다. | when clicked<br>pen down<br>set pen size to 10<br>set pen color to<br>set pen shade to 0<br>repeat 100<br>　move 2 steps<br>　change pen shade by 1<br><br>펜 명암은 0부터 100 사이입니다. 50이 기본 명암입니다.<br>0　50　100 |
| 펜 굵기를 1 만큼 바꾸기 | 펜의 굵기를 바꾼다. 숫자가 크면 굵어진다. | change pen size by ○<br>펜의 굵기를 바꿉니다.<br><br>set pen size to 1<br>pen down<br>repeat 100<br>　move 5 steps<br>　turn ↻ 3 degrees<br>　change pen size by 1 |
| 펜 굵기를 1 (으)로 정하기 | 펜의 굵기를 정한다. | set pen size to ○<br>펜의 굵기를 정합니다.<br><br>pen down<br>set pen color to<br>set pen size to 20<br>move 50 steps |

| 데이터 블록 : 변수와 리스트를 정의하고 세부 내용을 설정하는 기능이다. (실습 예제는 다음 장의 프로젝트에서 해 보자) ||
| :---: | :---: |
| 블록 모양 | 설명 |
| 변수 만들기 | 변수를 만들 수 있는 버튼이다. |
| ☑ 인원수 | 변수 만들기 단추로 정의한 변수다. |
| 인원수 ▼ 을(를) 0 로 정하기 | • 변수 안에 값을 넣어 설정한다.<br>• 인원수 = 0 |
| 인원수 ▼ 을(를) 1 만큼 바꾸기 | • 인원수라는 변수에 1만큼씩 증가한다.<br>• 인원수 = 인원수 + 1 |
| 인원수 ▼ 변수 보이기 | 인원수 변수에 있는 숫자를 보여 준다. |
| 인원수 ▼ 변수 숨기기 | 인원수 변수에 있는 숫자를 숨긴다. |
| 리스트 만들기 | 리스트를 만들 수 있는 버튼이다. |
| ☑ 중복인원수 | 중복인원수라는 리스트 값을 만든다. |
| thing 항목을 중복인원수 ▼ 에 추가하기 | • 중복인원수 리스트 끝에 항목을 추가한다.<br>• 항목은 숫자나 문자열이다. |
| 1 ▼ 번째 항목을 중복인원수 ▼ 에서 삭제하기 | 리스트에서 n번째, 마지막, 모든 항목을 삭제한다. |
| thing 을(를) 1 ▼ 번째 중복인원수 ▼ 에 넣기 | 중복인원수 리스트에 지정된 위치, 마지막, 랜덤하게 항목을 삽입한다. |
| 1 ▼ 번째 항목을 중복인원수 ▼ 에서 삭제하기 | 중복인원수 리스트에 지정된 위치, 마지막, 랜덤하게 항목을 삭제한다. |
| 1 ▼ 번째 중복인원수 ▼ 의 항목을 thing (으)로 바꾸기 | 중복인원수 리스트에 지정된 위치, 마지막, 랜덤하게 항목을 바꾼다. |
| 1 ▼ 번째 중복인원수 ▼ 항목 | 중복인원수 리스트가 지정된 위치에 항목을 구한다. |
| 중복인원수 ▼ 리스트의 항목 수 | 현재 리스트에 있는 항목의 수를 구한다. |
| 중복인원수 ▼ 리스트에 thing 포함되있는가? | • 중복인원수 리스트에 thing값의 자료가 있는가를 판단한다.<br>• 있으면 true, 없으면 false |

## 데이터 블록 : 변수와 리스트를 정의하고 세부 내용을 설정하는 기능이다.
### (실습 예제는 다음 장의 프로젝트에서 해 보자)

| 블록 모양 | 설명 |
|---|---|
| 중복인원수 ▼ 리스트 보이기 | 중복인원수 리스트의 항목을 무대에 보여 준다. |
| 중복인원수 ▼ 리스트 숨기기 | 중복인원수 리스트의 항목을 무대에 숨긴다. |

## 이벤트 블록 : 프로젝트를 실행했을 때, 키보드를 눌렀을 때, 배경

| 블록 모양 | 설명 | 실습 예제 |
|---|---|---|
| ▶ 클릭했을 때 | 초록 깃발을 누르면 아래에 있는 블록들이 모두 실행된다. | when ▶ clicked<br>초록 깃발이 클릭될 때 스크립트를 실행합니다<br><br>when ▶ clicked<br>go to x: 0 y: 0<br>forever<br>　move 10 steps<br>　turn ↻ 15 degrees |
| 스페이스 ▼ 키를 눌렀을 때 | 키보드에 있는 키를 드롭 메뉴에서 선택하고 그 키를 눌렀을 때 작동하는 것을 만들 때 사용한다. | when ▼ key pressed<br>특정한 키가 눌러질 때 스크립트를 실행합니다.<br><br>when m ▼ key pressed<br>move 10 steps<br>특정한 키가 눌리면, 스크립트가 실행될 것입니다. |
| 이 스프라이트가 클릭될 때 | 해당하는 스프라이트를 클릭할 때 실행한다. | when this sprite clicked<br>스프라이트가 클릭될 때 아래의 스크립트를 실행합니다.<br><br>when this sprite clicked<br>play sound meow ▼ |

## 이벤트 블록 : 프로젝트를 실행했을 때, 키보드를 눌렀을 때, 배경

| 블록 모양 | 설명 | 실습 예제 |
|---|---|---|
| 배경이 backdrop1 (으)로 바뀌었을 때 | 설정된 배경이 바뀌면 아래의 블록이 실행된다. | when backdrop switches to<br>Runs a script when backdrop switches to a certain background<br><br>switch backdrop to kitchen<br><br>when backdrop switches to kitchen<br>say Now I'm in the kitchen! for 4 secs |
| 음량 > 10 일 때 | 선택한 속성(음량, 타이머, 비디오 작동)이 지정된 값보다 클 때 아래의 블록이 실행된다. | when timer > 10<br>say Times up! for 2 secs<br><br>Times up! |
| 메시지1 을(를) 받았을 때 | • 메시지1을 누르면 '새 메시지…'를 눌러서 새 메시지를 작성한다.<br>• 방송하기에서 메시지 이름을 호출하면 받아서 실행하는 곳이다.<br>• 고급언어에서는 함수 정의, 오브젝트 정의쯤으로 보면 된다. | broadcast<br>모든 스프라이트에게 메시지 보내기<br><br>broadcast jump<br><br>broadcast 는 모든 스프라이트 (무대 포함)에게 메시지를 보냅니다. 이것은 다른 스프라이트에게 어떤 일을 언제 해야 하는지 알려줄 때 유용합니다.<br>스프라이트가 메시지를 받을 때 어떤 일을 하기를 원하나요? when I receive 를 참조하세요. |
| 메시지1 방송하기 | • 모든 스프라이트에게 메시지를 보낸다.<br>• 다른 스프라이트에게 어떤 일을 언제 해야 하는지 알려줄 때 사용한다.<br>• 메시지를 받았을 때로 블록의 순서가 이동한다. 함수 호출, 메소드 호출한다. | broadcast and wait 를 사용하여 모든 스프라이트에게 어떤 일을 하라는 메시지를 보내고, 계속하기 전에 모두가 끝날 때까지 기다릴 수 있습니다.<br><br>broadcast jump and wait<br>jump<br>message1<br>new message…<br><br>어떤 메시지를 보낼지 선택하려면 클릭하세요. 새로운 메시지를 입력하려면 "새 메시지"를 선택하세요. |

| 이벤트 블록 : 프로젝트를 실행했을 때, 키보드를 눌렀을 때, 배경 | | |
|---|---|---|
| 블록 모양 | 설명 | 실습 예제 |
| 메시지1▼ 방송하고 기다리기 | 모든 스프라이트에게 메시지를 보내고 이 메시지를 받은 메시지를 받았을 때의 모든 블록이 다 수행되고 다시 이곳으로 돌아올 경우 다음 동작을 실행한다. 메시지는 사용자가 정할 수 있는 이름으로, 함수호출이라고 생각하면 된다. | broadcast ▼ and wait<br>모든 스프라이트에게 메시지를 보내고 기다립니다.<br><br>broadcast jump ▼ and wait<br>say That was fun!<br><br>when I receive jump ▼<br>change y by 50<br>wait 1 secs<br>change y by -50 |

| 제어 | | |
|---|---|---|
| 블록 모양 | 설명 | 실습 예제 |
| 1 초 기다리기 | 아래 블록을 설정한 시간 동안 기다렸다 실행된다. | repeat 10<br>move 10 steps<br>wait 0.5 secs |
| 10 번 반복하기 | 블록 안쪽에 있는 것을 설정한 횟수만큼 반복한다. | repeat 10<br>move 10 steps<br>wait 0.5 secs |
| 무한 반복하기 | • 블록 안에 있는 것을 무한 반복한다.<br>• 중간에 반복을 나올 수 있는 문이 있어야 한다. | forever<br>move 10 steps<br>wait 0.5 secs |

| 제어 |||
| --- | --- | --- |
| 블록 모양 | 설명 | 실습 예제 |
| 만약 (이)라면 / 아니면 | • 조건이 참이면 바로 아래 블록을 수행하고 거짓이면 뒤쪽 블록을 수행한다.<br>• '만약' 뒤에는 연산자 블록을 넣는다. | forever<br>if score > 10 then<br>say You win |
| 까지 기다리기 | 블록 안에 관찰을 넣는다. 참일 때까지 기다린다. | wait until touching Dog2?<br>play sound bark<br>turn 180 degrees<br>move 50 steps |
| 까지 반복하기 | 블록 안의 다른 프로그램을 조건이 참일 때까지 반복한다. | repeat until touching Dog2?<br>move 1 steps<br>say Hello! |
| 모두 멈추기 | • 블록 안에서 실행되는 기능을 멈춘다.<br>• 모두 멈추기, 이 스크립트 멈추기<br>• 스프라이트에 있는 다른 스크립트 멈추기를 한다. | stop all<br>all<br>this script<br>other scripts in sprite |
| 복제되었을 때 | 복제본이 생성되면 이 스크립트가 활성화되어 실행된다. | when I start as a clone<br>move pick random 1 to 10 steps<br>say Hello! for 2 secs<br>wait 5 secs<br>delete this clone |
| 나 자신 복제하기 | • 지정한 스프라이트의 복제본을 생성한다.<br>• 드롭다운 메뉴에서 어떤 스프라이트를 복제할지 고른다.<br>• 복제본이 생성되었을 때 어떤 일을 할지 복제본에게 알려 주려고 사용한다. | when space key pressed<br>create clone of myself<br>play sound meow |

| 제어 | | |
|---|---|---|
| 블록 모양 | 설명 | 실습 예제 |
| 이 복제본 삭제하기 | 현재 복제본을 삭제한다. | when I start as a clone<br>move pick random 1 to 10 steps<br>say Hello! for 2 secs<br>wait 5 secs<br>delete this clone |

| 관찰 블록 : 스프라이트, 마우스, 비디오, 타이머 등의 정보를 관찰하는 정보가 담겨 있다. | | |
|---|---|---|
| 블록 모양 | 설명 | 실습 예제 |
| 마우스 포인터 ▼ 에 닿았는가? | • 스프라이트가 마우스 포인터 또는 벽에 닿았는지를 감지한다.<br>• 조건문의 조건식으로 사용한다.<br>• 마우스 포인터나 벽에 닿았는가를 판단해 낼 때 사용한다. | wait until touching Dog2 ▼ ?<br>play sound bark ▼<br>turn ↶ 180 degrees<br>move 50 steps<br><br>forever<br>if touching Scratch Cat ▼ ? then<br>turn ↶ 180 degrees<br>move 10 steps |
| 색에 닿았는가? | • 해당하는 색에 닿았는지를 판단하는 블록이다.<br>• '만약'의 블록에 조건문으로 사용한다. | forever<br>if touching color ? then<br>turn ↶ 180 degrees<br>move 10 steps |

**관찰 블록 : 스프라이트, 마우스, 비디오, 타이머 등의 정보를 관찰하는 정보가 담겨 있다.**

| 블록 모양 | 설명 | 실습 예제 |
|---|---|---|
| 색이 색에 닿았는가? | • 앞의 색깔이 뒤의 색깔에 닿았는가를 판단한다.<br>• 앞의 초록색을 클릭하고 무대나 스프라이트에서 바꾸고자 하는 색으로 마우스를 가져가면 색깔이 변경된다. | |
| 마우스 포인터 까지 거리 | 마우스 포인터까지의 거리를 구해 준다. 제어, 연산블록에 조건문으로 이용한다. | |
| What's your name? 묻고 기다리기 | 사용자에게 묻고 키보드 입력을 대답에 저장한다. 물음은 화면에 있는 말풍선에 나타난다. 코딩은 사용자 대답을 입력하고 엔터키를 누르거나 체크 표시가 클릭될 때까지 기다린다. | |
| 대답 | 사용자에게 묻고 키보드에 입력된 것을 '대답'에 저장한다. 대답은 모든 스프라이트에서 공유된다. 만약 현재의 대답을 저장하고 싶다면 그것을 변수나 리스트에 저장한다. 대답한 내용을 보려면 체크박스를 클릭한다. | |
| 스페이스 키를 눌렀는가? | • 키보드의 어떤 키를 눌렀는가를 감지한다.<br>• '만약 ~라면' 블록에 조건으로 사용한다. | |
| 마우스를 클릭했는가? | • 마우스를 클릭했는지를 감지한다.<br>• 예제는 음악을 실행시키는 것이다. | |

Chapter 04 스크래치 블록

관찰 블록 : 스프라이트, 마우스, 비디오, 타이머 등의 정보를 관찰하는 정보가 담겨 있다.

| 블록 모양 | 설명 | 실습 예제 |
|---|---|---|
| 마우스의 x좌표 | • 마우스의 x좌표 포인터를 볼 수 있다.<br>• 가로는 -240(왼쪽)~240(오른쪽)까지이다. | |
| 마우스의 y좌표 | • 마우스의 y좌표 포인터를 볼 수 있다.<br>• 세로는 -180(아래쪽)~180(위쪽)까지이다. | |
| 음량 | 음량을 조절하거나 현재 음량을 확인할 수 있다. | |
| 비디오 동작 에 대한 이 스프라이트 에서의 관찰값 | 웹캠을 이용하여 비디오 동작이나 방향에 대한 무대나 스프라이트에서의 관찰 값을 구한다. | |
| 비디오 켜기 | 웹캠을 켜거나 끄는 것을 조정한다. | |
| 비디오 투명도를 50 % 로 정하기 | • 비디오의 투명도를 조정한다.<br>• 범위는 0~100이다. | |
| 타이머 | • 타이머 값을 초 단위로 처리한다.<br>• 타이머 값을 체크하면 볼 수 있다. 타이머는 항상 실행하고 있다. | |
| 타이머 초기화 | 타이머를 0으로 초기화한다. | |

〈 94 〉 Part 3 블록 코딩 스크래치

| 관찰 블록 : 스프라이트, 마우스, 비디오, 타이머 등의 정보를 관찰하는 정보가 담겨 있다. | | |
|---|---|---|
| 블록 모양 | 설명 | 실습 예제 |
| x좌표▼ of Sprite1▼ | 스프라이트와 무대의 속성을 보여 준다. | when clicked<br>if costume name▼ of Shark▼ = mouthClosed<br>play sound chomp |
| 현재 분▼<br>현재 분▼<br>년<br>달<br>일<br>요일<br>시<br>분<br>초 | • 현재 시간, 연월일, 요일, 시간, 분, 초를 반환한다.<br>• 필요한 항목을 메뉴에서 선택할 수 있다. | say What year is it? for 2 secs<br>say current year▼ for 2 secs |
| 2000년 이후 현재까지 날짜수 | 2000년 1월 1일부터 현재까지의 날짜 수를 구한다. | |
| 사용자이름 | 사용자의 이름을 구한다. | — |

| 연산 블록 | | |
|---|---|---|
| 블록 모양 | 설명 | 예제 |
| ◯ + ◯ | 두 수의 덧셈을 한다(산술연산자). | say Watch me add! 3 plus 4 equals... for 2 secs<br>say 3 + 4 for 2 secs |
| ◯ - ◯ | 두 수의 뺄셈을 한다(산술연산자). | say Watch me subtract! 8 minus 4 equals... for 2 secs<br>say 8 - 4 for 2 secs |
| ◯ * ◯ | 두 수의 곱셈을 한다(산술연산자). | say Watch me multiply! 3 times 2 equals... for 2 secs<br>say 3 * 2 for 2 secs |
| ◯ / ◯ | 두 수의 나눗셈을 한다(산술연산자). | say Watch me divide! 4 divided by 2 equals... for 2 secs<br>say 4 / 2 for 2 secs |

## 연산 블록

| 블록 모양 | 설명 | 예제 |
|---|---|---|
| 1 부터 10 사이의 난수 | 1~10 사이의 난수를 구한다. | set x to pick random -240 to 240<br>set y to pick random -180 to 180 |
| ☐ < ☐ | 앞의 숫자가 뒤의 숫자보다 작으면 참이라는 값을 반환한다(관계연산자). | 무한 반복하기<br>만약 대답 < 10 (이)라면<br>Hello! 을(를) 2 초동안 말하기 |
| ☐ = ☐ | 앞의 숫자와 뒤의 숫자가 같으면 참이라는 값을 반환한다(관계연산자). | |
| ☐ > ☐ | 앞의 숫자가 뒤의 숫자보다 크면 참이라는 값을 반환한다(관계연산자). | |
| 그리고 | • 두 개의 연산자가 모두 참일 때만 참을 반환한다.<br>• 두 개의 연산자 중 한 개만 거짓이면 거짓을 반환한다(논리연산자). | 무한 반복하기<br>만약 입력수 < 0 그리고 입력수 = 0 (이)라면<br>입력한 수는 양수이거나 음수 을(를) 2 초동안 말하기 |
| 또는 | • 두 개의 연산자가 모두 거짓일 때만 거짓을 반환한다.<br>• 두 개의 연산자 중 한 개만 참이면 참을 반환한다(논리연산자). | |
| 가(이) 아니다 | 참이면 거짓을 반환하고 거짓이면 참을 반환한다(논리부정). | 무한 반복하기<br>만약 입력수 = 0 가(이) 아니다 (이)라면<br>입력한 수는 양수이거나 음수 을(를) 2 초동안 말하기 |
| hello 와 world 결합하기 | 두 개의 문자열을 연속해서 나열할 때 사용한다(나열연산자). | say join I am a cat<br>set thing to moon<br>say join Good night, thing |

## 연산 블록

| 블록 모양 | 설명 | 예제 |
|---|---|---|
| 1 번째 글자 ( world ) | 입력한 글자 world에서 첫 번째 글자 w를 반환한다. | |
| world 의 길이 | 입력한 world의 길이 5를 반환한다. | |
| ◯ 나누기 ◯ 의 나머지 | • 두 수의 나머지를 구한다.<br>• 예를 들면 14/3의 나머지는 2이다. | |
| ◯ 반올림 | 반올림을 구한다. | |
| 제곱근 ▼ ( 9 ) | ( ) 안의 숫자의 제곱근, 절댓값, 사인 등 함수를 구한다. | abs<br>floor<br>ceiling<br>sqrt<br>sin<br>cos |

| 추가 블록 | | |
|---|---|---|
| 블록 모양 | 설명 | 사용 예 |
| 새로운 블록 | • 나만의 블록을 만든다.<br>• 만들어져 있는 블록의 기능을 사용하지 않고 필요에 따라서 나의 블록을 만들고 그 기능이 필요할 때마다 블록을 가져다 사용할 수 있다. 프로그램에서 함수나 프로시저로 생각할 수 있다. | |
| 확장 프로그램 추가 | 하드웨어와 연결할 때 사용한다. | PicoBoard  LEGO WeDo 1.0  LEGO WeDo 2.0 |

# Part 4

스크래치 코딩하기 I
- 애니메이션 만들기

CODE

Chapter ❶ 그림 그리기
Chapter ❷ 걸어가면서 인사하기
Chapter ❸ 소풍 가는 공룡 가족들

# Chapter 01

## 그림 그리기

### 🧩 그림을 이용하는 방법

**1** 스크래치 저장소에서 제공하는 그림(스프라이트)을 사용하는 방법

**2** 외부 그림(스프라이트) 파일을 불러와서 사용하는 방법

**3** 직접 그려서 사용하는 방법

1) 스크래치 저장소에서 제공하는 그림(스프라이트)을 사용하기

새로운 스프라이트에서 저장소 스프라이트 선택을 누른다. 그러면 저장소 스프라이트에서 제공하는 다양한 그림을 선택해서 사용할 수 있다.

## 2) 외부 그림(스프라이트) 파일을 불러와서 사용하기

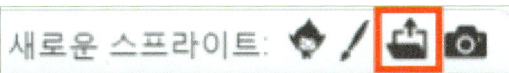

스프라이트 파일 업로드하기를 선택한다. 그리고 난 후 이미지 파일을 선택할 수 있도록 대화상자가 나오면 사용하려는 외부 이미지를 선택하면 된다.

## 3) 직접 그려서 사용하기

사용자가 직접 그림을 그려서 사용하는 방법이다.

파일 – 새로 만들기에서 새로운 에디터가 만들어진다. 고양이를 지우려면 고양이를 오른쪽 버튼으로 클릭한 후 삭제를 누른다.

- 아이콘에서 붓처럼 생긴 아이콘을 클릭한다. 또는 모양 탭을 눌러도 똑같이 그리기를 할 수 있다.
- 도구모음이 왼쪽에 있으면 비트맵 방식으로 그리는 모드이고 도구모음이 오른쪽에 있으면 벡터모드다.

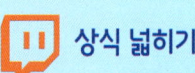 상식 넓히기

### 비트맵 모드란?
화면상의 각점들을 직교좌표계를 사용하여 화소 단위로 그림을 나타내는 것으로 그림을 확대하면 각점이 그대로 커져 경계선 부분의 계단 현상으로 나타나는 이미지 방식이다.

### 벡터맵 이미지란?
수학 방정식을 기반으로 하는 점, 직선, 곡선, 다각형과 같은 물체를 사용하는 방식으로 이미지를 그리는 방식으로 확대하면 이미지의 변형이 일어나지 않는 방식이다.

##  비트맵으로 그림을 그려보자

### 실습하기 1. 오른쪽의 도구상자를 이용하여 예쁜 그림을 그려보기

## 실습하기 2. 사각형과 원을 이용하여 주사위를 그려보기

## 실습하기 3. 외부 사진을 불러와서 배경 없애기

모양 파일 업로드하기 ➡ 임의의 사진 파일 한 개를 불러온다.

배경 없애기 도구모음을 클릭한 후 ➡ 이미지를 클릭한다.

### 실습하기 4. 영역을 선택해서 이미지 복사하기

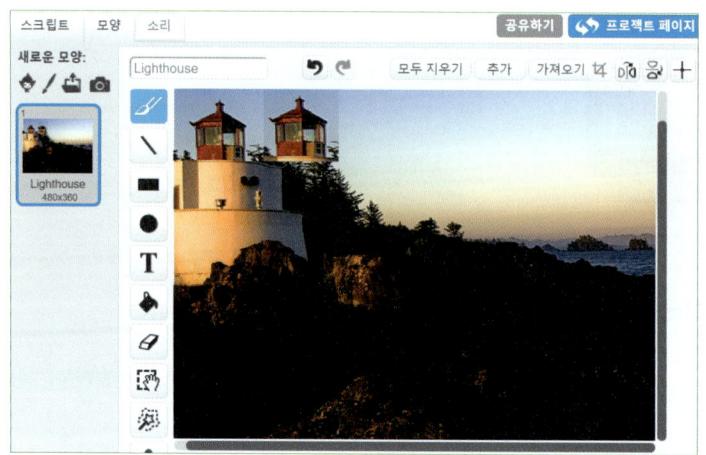

### 실습하기 5. 벡터 방식으로 모드 바꾸기

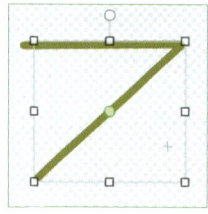

선을 그리고 형태 고치기를 누른 후 동그란 조절점이 생기면 드래그해서 모양을 변형해 보자.

### 실습하기 6. 컴퓨터 캠으로 본인의 얼굴을 찍어서 직접 편집해 보기

# Chapter 02

## 걸어가면서 인사하기

**학습 목표**

"스크래치 화면 구성을 알아본다."

"스크래치로 프로젝트를 만들어 처음부터 실행까지 연습한다."

"동작하기, 기다리기, 말하기 기능을 학습한다."

스크래치 사이트(https://scratch.mit.edu)로 접속하여 로그인을 한다.

고양이 캐릭터를 스프라이트라고 부른다. 이 스프라이트를 움직이기 위해서 여러 가지 코딩을 할 것이다.

고양이가 오른쪽, 왼쪽으로 걸어가면서 인사하도록 하는 프로젝트를 만들어 보자.

**1단계** 고양이 스프라이트를 움직이려면 고양이 스프라이트를 클릭한 후 스크립트를 코딩한다.

**2단계** 고양이를 움직이려면 스크립트를 사용하려는 사람들이 무엇인가를 눌러야만 동작하도록 만들어야 한다. 이것을 이벤트라고 한다. 초록색 깃발을 눌러 동작시키려면 이벤트 블록에서 클릭했을 때 를 스크립트 영역에 넣으면 된다.

의 블록은 프로젝트의 시작을 나타내는 블록이다.

**3단계** 2단계의 블록이 클릭되면 고양이가 아래 블록을 수행한다.

이때 고양이가 앞으로 움직이도록 해 보자. 특정 동작을 시키려면 동작 블록에서 찾으면 된다.

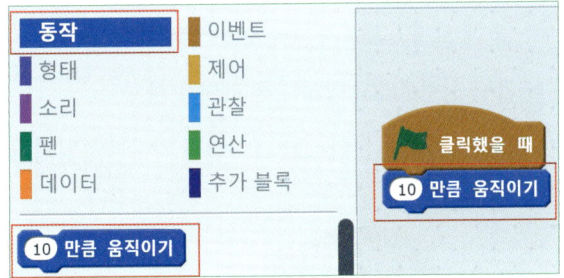

무대 위 초록색 깃발을 눌러 본다. 그러면 고양이가 앞으로 10픽셀만큼 이동할 것이다.

**4단계** 이동한 후 1초 동안 멈추기를 코딩해 보자.

만약 고양이의 위치를 마우스로 옮기려는데 움직이지 않는다면 🏁 🔴 을 누른다. 빨간색 동그라미 그림은 실행을 종료하는 버튼이다.

제어에서 `1 초 기다리기` 를 드래그해서 끼워 넣는다. 흰색 동그라미는 기다리는 숫자를 조정하는 것이다. 1초가 아니라 3초로 하려면 숫자를 마우스로 더블클릭하여 수정할 수 있다.

**5단계** 이제 고양이와 대화를 해 보자.

걸어온 고양이가 1초 후에 "안녕 친구!"라고 말하도록 코딩을 하자.

'형태'에서 'Hello! 말하기' 블록을 끼워 넣는다. 그리고 "안녕 친구!"를 입력한다.

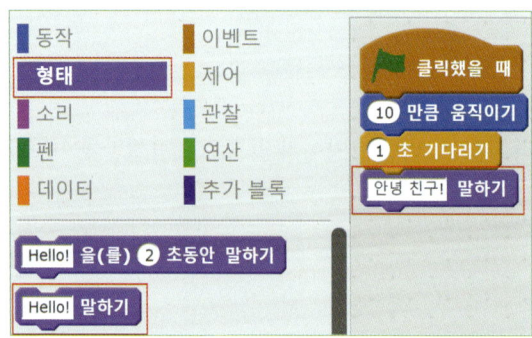

**6단계** 고양이를 왼쪽 끝에서부터 오른쪽 끝까지 오게 하려면 계속해서 깃발 버튼을 눌러야 한다. 이것이 불편하다면 어떻게 하면 될까?

블록 3개를 계속 나열하면 될 것이다. 복사해서 붙여 넣어 보자.

'30만큼 움직이기'에 커서를 두고 오른쪽 버튼을 눌러 복사한 후 나온 블록을 아래에 5개 붙여 넣어 보자.

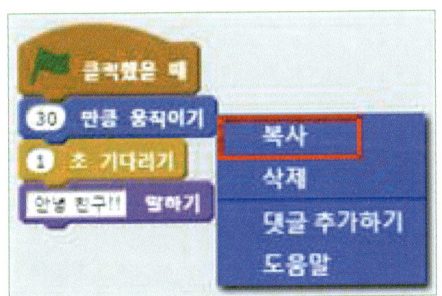

### ✅ 응용하기_컴퓨팅적 사고력 1

"안녕 친구!"라는 말하기가 계속 나온다. 어떻게 하면 멈추었다 나올까?

힌트 Hello! 을(를) 2 초동안 말하기

해설 : "안녕 친구!" 말하기 블록 대신에 "Hello!를 2초 동안 말하기" 블록으로 바꾼다.

### ✅ 응용하기_컴퓨팅적 사고력 2

안녕 친구! ➡ 만나서 반가워 ➡ 앞으로 자주 만나자!

➡ 코딩의 세계로! Go~ ➡ 안녕~

해설 : 1초 기다리기 ➡ 안녕 친구! 말하기 ➡ 1초 기다리기 ➡ 만나서 반가워 등 계속 반복한다.

# Chapter 03

## 소풍 가는 공룡 가족들

**학습 목표**

" 모양을 변경할 수 있다. 모양 탭의 기능을 익힌다. "

" 소리를 넣을 수 있다. 소리 탭의 기능을 익힌다. "

" 배경을 변경할 수 있다. 배경 탭의 기능을 익힌다. "

" 디버깅이 무엇인지 알고 디버깅을 통해 프로젝트를 확장하는 방법을 익힌다. "

https://scratch.mit.edu/projects/165445359/

### 1단계 : 스프라이트를 가져와서 이름 바꾸기

저장소에서 스프라이트 Dinosaur3를 가져온다.

스프라이트 무대 관리 창의 저장소에서 스프라이트 선택을 누르고 저장소로 들어가서 선택을 한다.

이름을 공룡으로 고친다.

① 스프라이트 정보단추(i)를 누르면 정보를 설정하는 부분이 나온다. 이곳에서 이름을 공룡으로 입력한다.
② 회전 방식은 공룡이 움직일 때 모습을 조정할 수 있다.
③ 공룡이 무대에서 보이도록 '보이기'가 체크되어 있어야 한다.

 ### 2단계 : 공룡이 아기를 데리고 움직이도록 다음 모양을 준비하기

모양 탭으로 가서 공룡을 복사하고 이름을 바꾼다.

① 모양 탭은 스프라이트의 모양을 바꾸거나 다시 색칠하는 경우 사용한다.
② 오른쪽 버튼을 누른 후 복사하여 3개를 만든다.
③ 이름을 각각 공룡1, 공룡2, 공룡3으로 바꾼다.

공룡 2마리를 도장 툴을 이용하여 복사하여 3마리로 만든다.

① 공룡2의 모양을 3마리로 만들 것이므로 그것을 선택한다.
② 확대·축소해도 이미지 변형이 없는 벡터모드로 바꾼다.
③ 도장 툴을 누른다. shift 키를 누르며 공룡을 클릭한다.
④ 공룡 그림을 클릭해 선택한다.

공룡3을 그리기 도구모음을 이용하여 그린다.

① 공룡 3을 선택한다.
② 이미지를 확대하기 위해 오른쪽 아래의 돋보기 단추를 사용한다.
③ 이동 도구모음으로 공룡의 위치를 이동시킬 수 있다.
- 변형 툴을 이용하여 모양을 변형할 수 있다. 혀 부분의 흰 동그라미가 변형 툴을 이용한 것이다.
- 펜 도구와 동그라미 등을 이용하여 그림을 그리면 된다.

##  3단계 : 소리 가져오기

### 공룡이 움직일 때 소리가 나도록 만든다.

소리 탭을 선택한다.

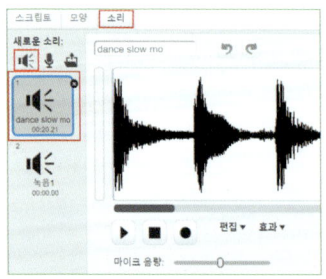

① 소리 탭을 선택한다.
② 기존에 있는 pop파일은 X를 눌러서 지운다.
③ 저장소에서 소리 선택을 누른다.

소리 저장소에서 음악을 선택한다.

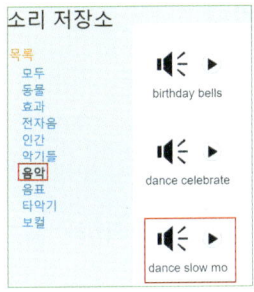

① 소리 저장소에서 음악을 선택한다.
② dance slow mo를 선택하고 확인을 누른다.

###  4단계 : 무대 자료 가져오기

기존의 배경1 다음으로 forest 무대를 추가한다.

① 무대 정보의 저장소에서 배경 선택을 누른다.
② forest를 선택하고 확인을 누른다.
③ 무대 이름을 "숲1"로 변경한다.

다음 무대는 grand canyon을 추가한다.

① 무대 정보의 저장소에서 배경 선택을 누른다.
② grand canyon을 선택하고 확인을 누른다.
③ 무대 이름을 "숲2"로 변경한다.

### 5단계 : 공룡 스크립트 짜기

**공룡 움직이기와 공룡 모양을 변경할 수 있다.**

#### 1 공룡 움직이기

##### 공룡의 위치 정하기

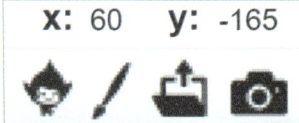

① 이벤트에서 '클릭했을 때'를 놓는다.
② 공룡을 적당한 위치에 놓고 좌표를 확인하여 x: 가로, y: 세로 수치를 입력한다.
참고로 흰색 동그라미는 숫자를 넣는 곳이고 흰색 사각형은 문자를 넣는 곳을 뜻한다.

##### ✓ 응용하기

1. 공룡을 다른 곳에 놓고 '클릭했을 때'를 누르면 공룡이 (x, y)좌표로 이동하도록 해 보자.
2. x좌표와 y좌표의 숫자를 바꾸어 보자.

##### 공룡 움직이기

공룡이 왼쪽에서 오른쪽으로 움직이려면 x좌표를 +숫자만큼 바꾸어야 한다. 그리고 여러 번 반복해야 하므로 반복문 안에 넣어 준다.

① 제어 블록에서 10번 반복하기를 스크립트로 드래그하여서 30으로 바꾼다.
② 동작 블록에서 'x좌표를 10만큼 바꾸기' 블록을 드래그하여 10번 반복하기에 끼워 넣는다.
(x좌표는 가로방향이고 중간부터 오른쪽은 +양수이고 왼쪽으로는 ―음수이다)
③ 공룡이 조금씩 위로 올라가도록 움직여 보자. y좌표를 10만큼 바꾸기 블록을 끼워 넣고 10을 2로 고친다.

## ✅ 응용하기

1. 30번 반복하기 ➡ 다른 것으로 고쳐 보시오.
2. x좌표와 y좌표의 숫자를 고쳐 보시오.
3. 공룡이 지그재그로 움직이게 바꾸어 보시오.
4. 다른 블록을 끼워 보시오(회전하기 등).

### 2 공룡이 벽에 닿으면 방향을 바꾸고 배경과 공룡2로 모양 바꾸기

공룡이 벽에 닿으면 방향을 바꿔서 다시 이동한다.

① 30번 반복 블록은 한쪽 방향으로 걸어가는 모습인데 벽에 닿으면 방향을 바꾸어서 걸어가야 하고 이것을 계속 반복해야 하므로 무한 반복하기 안에 넣어 준다.
② 방향을 바꾼다.
③ 반대로 걸어가야 하므로 x좌표는 -10으로, y좌표는 그대로 2만큼으로 둔다.

### 3 공룡1 모양을 공룡2, 공룡3으로 바꾸기

공룡1 모양에서 시작하기

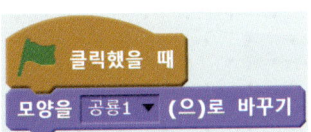

① 이벤트에서 '클릭했을 때'를 가져온다.
② '모양을 공룡1로 바꾸기'를 가져온다.

스크립트에 '클릭했을 때'가 2개 있다. 좀 이상하지 않은가? 보통 고급프로그래밍 언어에서 이런 형태는 많이 찾아볼 수 있다. 스크래치에서는 프로젝트의 을 클릭하면 동시에 2개의 '클릭했을 때' 이벤트가 실행된다. 스크립트 안에서 각각의 하면 밑에 블록만 실행된다.

다음 모양으로 바꾼다.

① 제어 블록의 '무한 반복하기' 안에
② 동작 블록의 '다음 모양으로 바꾸기'로 모양을 바꾼다.
③ 2초 동안 바꾼 모양을 보여 주기 위해 제어 블록의 '2초 기다리기'를 넣는다.

### 6단계 : 소리 넣기

클릭하면 dance slow mo 끝까지 재생을 무한 반복한다.

① 이벤트 블록에서 '클릭했을 때'를 놓는다.
② 제어 블록에서 '무한 반복하기'를 놓는다.
③ 소리 블록에서 '녹음1 끝까지 재생하기'를 끼워 넣는다. 소리의 종류를 dance slow mo로 선택한다.

### ✓ 응용하기

**1** 악기를 전자 기타로 바꾸어 보시오. **힌트** `1▼ 번 악기로 정하기`

**2** 음량을 바꾸어 보시오. **힌트** `음량을 -10 만큼 바꾸기`

**3** 빠르기를 바꾸어 보시오. **힌트** `빠르기를 20 만큼 바꾸기`

### 7단계 : 무대 스크립트 짜기

#### 무대를 변경한다.

무대를 바꾸기 위해 스크립트를 작성한다.

① 무대를 선택한다.
② 스크립트 탭을 클릭한다.
③ 이벤트의 '클릭했을 때'를 누르고 계속 반복을 하기 위해서 제어 블록의 무한 반복을 넣는다.

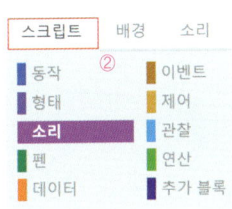 

무한 반복하기에 배경을 넣고 몇 초 동안 보여 준다.

① 형태 블록에서 '배경을 숲1로 바꾸기'를 넣는다.

② 3초 동안 보여지고 다음 블록으로 넘어가려고 제어 블록의 1초 기다리기 블록을 넣고 1초를 3초로 바꾼다.

### ✅ 응용하기

**1** 배경을 더 추가하여 바꾸어 보자.

## 디버깅하기

디버깅이란 컴퓨터 프로그램에서 잘못된 부분, 부족한 부분을 찾아서 수정하거나 오류를 고쳐 가는 과정을 말한다. 위의 공룡 프로젝트도 완성해서 실행해 보면 오류는 아니지만 조금 고치고 싶은 부분이 생길 것이다.

1. 공룡이 올라가서 계속 머물러 있고 밑으로 내려오지 못하는 것을 발견할 것이다. 이를 디버깅해보자.

공룡의 스크립트에서 30번 반복하기 밑에 `x: -120 y: -110 로 이동하기` 를 추가하여 넣어 보자.

2. 공룡의 모습이 왼쪽에서 오른쪽으로 움직일 때는 방향이 앞을 보지만 오른쪽에서 왼쪽을 볼 때는 방향이 뒤로 움직이는 것 같다. 이것도 디버깅해 보자. 그림과 같은 동작에서 '90도 방향 보기'를 y좌표 밑에 넣어 준다.

```
30 번 반복하기
  x좌표를 -10 만큼 바꾸기
  y좌표를 2 만큼 바꾸기
  90▼ 도 방향 보기

벽에 닿으면 튕기기
```

● **컴퓨팅적 사고력 키우기**

추가로 디버깅하고 싶은 것이 있으면 꼭 해 보도록 하자.

# Part 5

## 스크래치 코딩하기 Ⅱ
## - 게임 만들기

**CODE**

Chapter ❶ 나 잡아 봐라

Chapter ❷ 펭귄을 구하라

Chapter ❸ 미로 찾기 게임

Chapter ❹ 수학 공부방

Chapter ❺ 수리 수리 마수리 정렬되라 얍!

# Chapter 01

## 나 잡아 봐라

**학습 목표**

" 배경을 바꿔 본다. 스프라이트의 모양을 바꾼다. 무대를 운동장으로 바꾼다. "

" 제어문과 연산문을 배운다. 소리를 넣는다. 키보드 방향키로 스프라이트를 움직인다. "

" 코딩할 때 고급언어인 C언어를 어떻게 사용하는지를 익힌다. 부담 갖지 말고 편안하게 읽으면서 눈으로 익히도록 하자. "

https://scratch.mit.edu/projects/164810519/

도망친 강아지를 얼른 잡는 게임이다.

 **프로젝트 분석**

여자아이는 방향키로 움직일 수 있다. 강아지는 컴퓨터가 불규칙적으로 움직인다. 여자아이가 강아지를 잡으면 게임이 끝난다.

**1단계** 배경을 바꾼다.

- 내 작업실에서 +새 프로젝트 ➡ 프로젝트 이름을 "나 잡아 봐라"로 쓴다.
- 무대 정보에서 새로운 배경의 저장소에서 배경을 선택하고 확인을 누른다.

**2단계** 스프라이트의 사진을 지운다.

- 고양이를 선택하고 오른쪽 버튼을 클릭하고 삭제를 누른다.
- 강아지 아이콘을 저장소에서 불러온다. 저장소에서 스프라이트를 선택하고 강아지 Dog1-a를 선택하여 스프라이트에 추가한다.

"Dog1-a"의 이름을 "도망가는 강아지"라고 바꾼다. 스프라이트에 ⓘ를 클릭하면 스프라이트를 설정하는 화면이 나온다. 이름을 바꾸고 ◀을 눌러서 설정화면에서 나온다.

**3단계** 강아지의 모양을 변경한다.

강아지가 너무 큰 것 같으니 크기를 줄여 보자.

- 모양 탭을 누르고, 선택하기 도구를 누른다. 그림과 같은 도구상자가 나오게 하려면 오른쪽 아래에 벡터로 변환하기 단추를 누른다. 강아지 스프라이트를 누르고 조절점을 드래그해서 줄인다.
- 강아지의 변수명 dog1-a를 확인한다. 나중에 코딩할 때 사용될 것이다.
- dog1-b 강아지도 똑같이 크기를 줄여 준다.

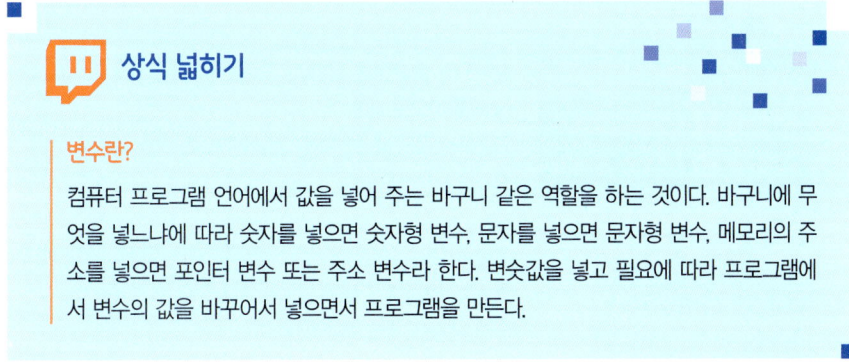

**상식 넓히기**

**변수란?**

컴퓨터 프로그램 언어에서 값을 넣어 주는 바구니 같은 역할을 하는 것이다. 바구니에 무엇을 넣느냐에 따라 숫자를 넣으면 숫자형 변수, 문자를 넣으면 문자형 변수, 메모리의 주소를 넣으면 포인터 변수 또는 주소 변수라 한다. 변숫값을 넣고 필요에 따라 프로그램에서 변수의 값을 바꾸어서 넣으면서 프로그램을 만든다.

**4단계** 강아지를 잡으러 달려가는 여자아이를 저장소에서 꺼낸다.

농구하는 여자아이는 지운다.

이제 본격적으로 코딩을 하자.

**5단계** 강아지가 도망가도록 해 보자.

- 도망가는 길이 일정하면 재미가 없으니 도망가는 길을 예측할 수 없도록 만들려면 난수를 사용한다.
- 난수란 규칙이 없는 수를 말하며 게임 등에 많이 사용한다.

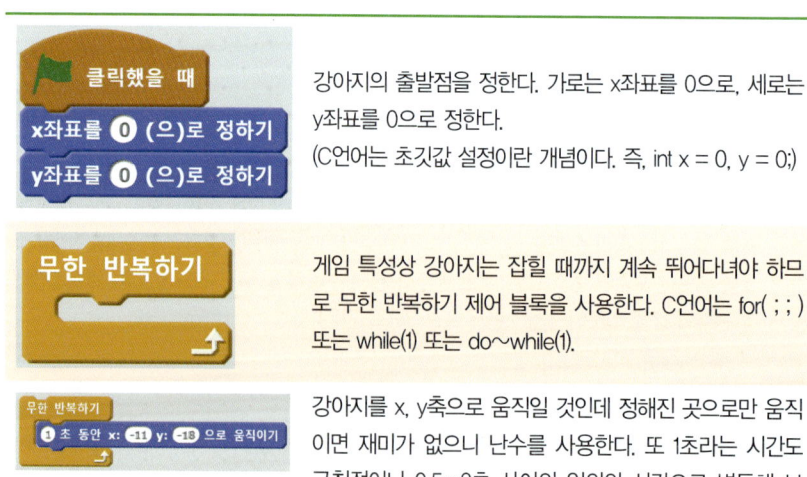

1~10 사이의 난수를 만드는 것이다. x축은 −220~220, y축은 −170~20 사이의 난수를 만든다. x축과 y축의 값은 강아지를 움직이면 무대 아래 부분의 마우스 좌표를 보고 범위를 정한다.

시간은 0.5~3초의 난수로 만들어서 위의 동작 블록 위에 넣는다.

(C언어에서 난수 사용하기)

i = rand()%n 이것은 0~n−1 범위의 난수를 i에 대입한다. 예를 들어 n = 6이라 하면 0, 1, 2, 3, 4, 5 중 하나가 i에 대입된다.

깃발을 클릭하면 강아지가 운동장을 뛰어다니는 모습을 볼 것이다.

## 6단계 강아지를 쫓아다니는 여자아이를 만들어보자.

[코딩 내용] 키보드 방향키로 움직임을 조정한다.

여자아이도 강아지를 잡을 때까지 계속 움직여야 하므로 무한 반복하기 위해 반복문을 사용한다.

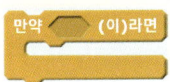

만약에 오른쪽 방향키를 눌렀다면 오른쪽으로 5칸 움직이고, 왼쪽 방향키를 눌렀다면 위쪽 방향키, 아래 방향키로 코딩해야 하므로 조건식 '만약에 ~라면' 블록을 사용한다. 6각형 안에 조건식을 끼워 넣는다.

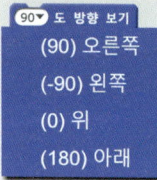

조건식에는 무엇이 들어가면 될까? 오른쪽 방향키를 눌렀다면, 왼쪽 방향키를 눌렀다면 등 관찰을 해야 한다. 그럼 관찰 블록을 눌러 보면 '~키를 눌렀는가?'를 선택한다. 블록의 모양을 보면 6각형이 똑같다. 이것을 끼우면 된다.
그런데 스페이스 옆의 드롭단추를 클릭하면 위쪽 화살표, 아래쪽 화살표, 왼쪽 화살표, 오른쪽 화살표를 선택하여 코딩한다.

(90) 오른쪽
(-90) 왼쪽
(0) 위
(180) 아래

방향의 위치로 위 0도, 아래 180도, 오른쪽 90도, 왼쪽 -90도를 선택한다.

동작에서 '10만큼 움직이기' 블록을 가져온다. 10만큼은 너무 크게 움직이므로 5만큼으로 고쳐서 방향 보기 밑에 끼워 넣는다.

클릭하고 여자아이를 움직여 보자. 방향키를 움직이는데 왼쪽 오른쪽은 괜찮은데, 위아래쪽으로 하면 방향이 뒤집힌다. 어떻게 하면 바로 움직일까?

회전방식을 ↔, • 으로 바꾸어보자.

### 7단계 강아지를 잡았을 때

**[코딩 내용]** 강아지를 잡았을 때 "잡았다"고 말하고 게임은 끝난다.

여자아이가 "잡았다"고 말해야 하므로 여자아이 스프라이트를 선택하고 여자아이 스크립트에 코딩한다.
실행될 때 바로 동작해야 한다. 왜냐하면 실행되자마자 바로 잡을 수도 있기 때문이다. 몇 번 움직여야 잡을지 모르니 무한 반복을 한다.

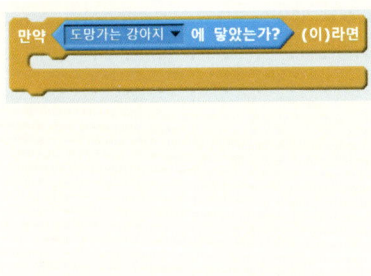

"만약에 강아지를 잡았다면~" 강아지의 이름은 무엇인가? 강아지 스프라이트를 보면 "도망가는 강아지"로 만들어져 있다.
잡았다는 개념은 '닿았는가?'로 보면 될 것이다.
블록 코딩에서는 드롭단추 에서 사용하는 변수 "도망가는 강아지"를 고를 수 있다. 고급언어 코딩은 변수를 자료형에 맞게 정하여야 한다.

"잡았다"라고 말하기
형태에서 '~을 ~초 동안 말하기'를 선택하고 'Hello!'를 '잡았다!'로 고친다.
2초 동안 말하고 사라진다. 형태에서 '~말하기' 블록은 계속 말하고 있다.

잡았으므로 게임을 종료하기 위해서 제어에서 이 스크립트는 현재 선택한 여자아이만 멈추는 것이고, 스프라이트에 있는 다른 스크립트는 여자아이 스크립트를 제외한 다른 스크립트를 멈추는 것이다.
'모두'는 모든 스크립트를 멈추는 것이다. 모두를 선택한다.

"잡았다!"를 외치고 2초 동안 말한다.

**8단계** 강아지가 잡혔을 때 "멍멍" 소리를 낸다. 게임은 끝난다.

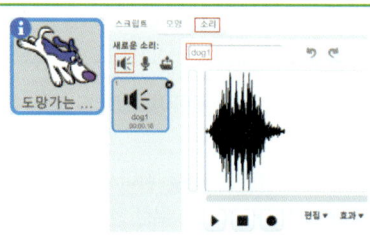

강아지에게 소리를 내는 코딩을 해야 하므로 강아지 스프라이트를 선택한다.

그리고 소리 탭에서 스피커 모양을 클릭하면 저장소에서 강아지 소리를 가져올 수 있다.

소리에 대한 변수명 'dog1'을 확인한다. 편집이나 효과 등을 이용하여 소리를 변경할 수 있다.

강아지가 여자아이에게 잡힐 때까지 움직임에 대하여서는 예측할 수 없으므로 무한 반복문을 넣는다.

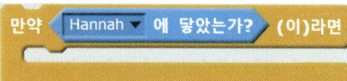

여자아이의 이름은 "Hannah"이다. 만약에 Hannah에 닿았는가? 관찰에서 '~에 닿았는가?'를 선택하여서 조건문으로 넣어주면 된다.

소리에서 '~재생하기'를 선택한다. 드롭단추에서 dog1을 선택한다. 강아지의 변수명은 dog1이다.

게임을 종료한다.

C언어에서는 반복문을 빠져나올 때 주로 break문을 사용한다.

이곳에서는 프로그램의 종료를 뜻하므로 main( ) 메인 함수의 끝이라고 할 수 있다.

• 도망가는 강아지의 완성된 스크립트

• Hannah의 완성된 스프라이트 코드

Chapter 01 나 잡아 봐라

### ◉ 컴퓨팅적 사고력 확장하기 1

고양이 한 마리를 강아지처럼 더 추가하여서 여자아이가 잡아 보도록 프로그램을 만들어 보자.

### ◉ 컴퓨팅적 사고력 확장하기 2

강아지 대신 장애물을 만들고 여자아이 대신 자동차를 만들어서 장애물을 피하는 게임으로 만들어 보자.

# Chapter 02

## 펭귄을 구하라

**학습 목표**

" 웹캠 비디오를 사용한다. 외부 이미지 파일을 불러온다. 추가 블록을 만든다. "

" 펭귄이 위에서 밑으로 떨어지고 있을 때 나의 모습이 화면에 나오면서 손으로 받치면 다시 위로 올라간다. "

https://scratch.mit.edu/projects/165822563/

펭귄이 얼음 바다에 빠지려고 한다. 떨어지기 전에 손짓으로 위로 올려서 살려 보자.

##  프로젝트 시작하기

`1단계` 프로젝트를 시작한다.

내 작업실을 클릭한다.

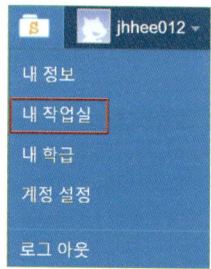     오른쪽 맨 위에 로그인한 메뉴에서 내 작업실을 클릭한다.

+새 프로젝트를 클릭한다.

     +새 프로젝트 버튼을 눌러서 새롭게 프로젝트를 만든다.

프로젝트명을 입력한다.

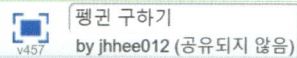 프로젝트명을 "펭귄 구하기"로 쓴다.

- 바다 사진 이미지 파일을 다운로드하여 파일을 준비한다. '파일명.jpg'나 '파일명.png' 파일로 저장한다.
- 무대의 이미지를 바다 사진으로 바꾸어서 넣어 본다.
- 스크래치가 제공하는 저장소에 있는 이미지 파일이 아닌 외부의 이미지를 추가해 보자.

**2단계** 저장소에 없는 외부 이미지 파일을 불러온다.

무대 도구모음의 불러오기

 무대에서 새로운 배경의 무대 도구모음 불러오기를 클릭한 후 불러오려는 파일을 선택한다.

이미지의 크기 조정하기

① 불러온 이미지의 크기가 무대의 크기와 맞지 않는 경우 배경 탭을 누른다.
② 벡터로 변형하기 버튼을 누른다.
③ 이동 도구를 이용하여 바다이미지를 클릭한 후에 조절점을 이용하여 무대를 가득하게 조절한다.

## 사용할 스프라이트 준비하기

**3단계** 게임에 사용될 스프라이트를 준비한다.

고양이 스프라이트를 삭제한다.

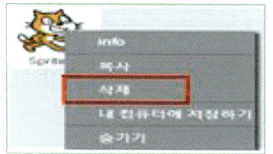 고양이 스프라이트에서 오른쪽 버튼을 눌러서 삭제를 누른다.

펭귄 스프라이트를 불러온다.

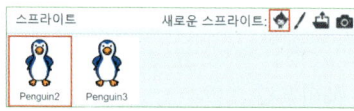
① 스프라이트 도구모음에서 새로운 스프라이트 옆 저장소에서 스프라이트 선택을 누른다.
② 동물에서 펭귄 모양을 선택하고 확인을 누른다.

펭귄 스프라이트를 복사한다.

펭귄 스프라이트를 복사하기 위해 오른쪽 버튼을 누른 후 복사한다.

## 떨어질 때 소리가 나게 하기

**4단계** 펭귄이 떨어질 때 소리가 나게 하기 위해 소리 파일을 준비한다.

펭귄 스프라이트를 선택하고 소리 탭으로 가서 음원을 선택한다.

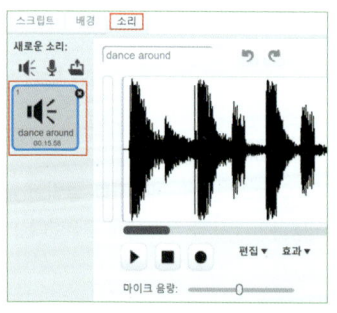
① 펭귄 스프라이트가 떨어지면서 소리를 내야 하므로 펭귄 스프라이트를 선택하고 소리 탭을 선택한다.
② 저장소에서 소리선택을 누른 후(소리 모양의 이미지로 되어 있다)
③ water drop파일을 선택한다.

**5단계** 펭귄이 위에서 밑으로 떨어지고 있을 때 나의 모습이 화면에 나오면서 손으로 받치면 다시 위로 올라가도록 만들어 본다.

클릭했을 때

이벤트에서 '클릭했을 때'를 선택하여서 프로젝트를 실행하자마자 실행되도록 한다.

추가 블록을 이용하여 초기 상태 설정하기 블록을 만든다.

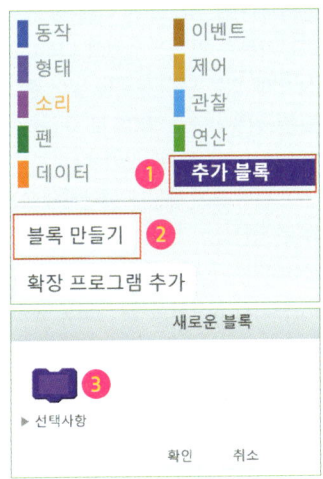

**tip** 초기 상태 설정하기 프로시저를 만들어 처리해 보자. 객체지향언어는 별도의 클래스로 만들거나 절차지향언어는 함수로 만들어서 처리하는 것이라고 생각하면 된다.

스크래치에서 제공되지 않는 블록은 추가 블록으로 만들 수 있다. 추가 블록은 프로그래머가 별도의 프로그램의 모듈을 만들어 주는 것이다.
① 추가 블록을 누른다.
② 블록 만들기를 누른다.
③ 3에 '초기 상태 설정하기'를 쓴다. 그러면 블록이 생긴다.

Chapter 02 펭귄을 구하라

초기 상태 설정

- 앞에 초기 상태 설정 블록은 클릭할 때에 연결한다. 프로시저 호출이다.
- 정의하기 모양은 순서도에서 단말기의 시작을 의미하며 실행의 처음 부분이다.

비디오 켜기

웹캠이 켜지도록 하는 블록을 연결한다.

초기 상태 설정을 정의하기

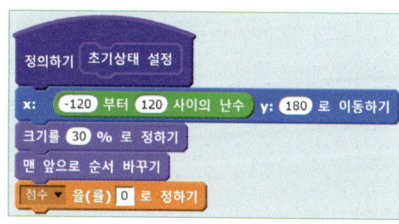

① 펭귄의 위치를 무대의 맨 위에 올려 둔다. x좌표 가로는 임의의 위치에 나타나도록 연산 안에 있는 난수 블록을 넣어 준다. y좌표는 위쪽이므로 180으로 이동하기를 선택하여 그림처럼 끼워 넣는다.
② 펭귄이 너무 크기 때문에 형태에서 크기를 30%로 정한다.
③ 펭귄이 다른 스프라이트의 뒤로 가면 펭귄이 보이지 않으므로 맨 앞으로 순서 바꾸기를 넣는다.
④ 게임의 처음이므로 점수를 0으로 초기화한다.

**6단계** 비디오에 비친 나의 손을 위로 하면 떨어진 펭귄을 위로 올린다.

1초 기다리기

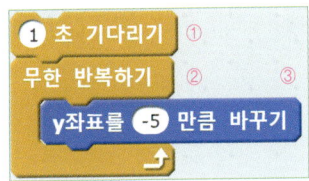

① 비디오가 켜지고 게임을 준비하기 위해 1초 기다리기를 한다.
② 게임을 계속하기 위해 무한 반복하기 블록을 이벤트에서 찾아서 넣는다.
③ 펭귄이 서서히 떨어지기 위해 y좌표(세로)를 아래로 −5만큼 이동되게 바꾼다.

정하기로 하지 않고 바꾸기로 하는 이유는 무한 반복하기 안에서 이루어지므로 계속해서 −5만큼 바뀌는 것이기 때문이다. a = a − 5일 때, a = 100인 경우 처음에 a = a − 5가 되면 a는 95다. 다시 또 a = a − 5를 만나면 a는 90이 된다. 이렇게 계속해서 −5씩 되는 것이다.

**참고** 현재 비디오 이미지의 움직임 또는 방향을 감지하는 명령어이다.

- 사용 방법 : 웹캠이 필요하다.

현재 스프라이트 아래의 비디오에서 모션의 양을 관찰(확인)한다.
- 동작 : 웹캠 안의 사물의 움직임의 정도(0 : 정지 화면~100)

전체 비디오 이미지에 대한 동작 양을 관찰(확인)한다.

현재 스프라이트 아래의 비디오에서 모션의 방향을 검사한다.
- 방향 : 웹캠으로 감지되는 움직임의 방향은 가로로 −90~90, 세로로 −180~180이다.

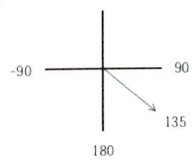

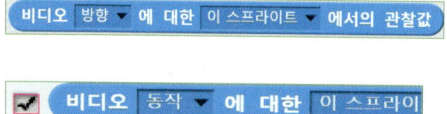

비디오 이미지의 움직임 방향을 확인한다.

현재 값을 보기 위해 확인란을 클릭하면 무대의 비디오 동작에 현재 값이 나타난다.

### 비디오 동작이 감지되었다면

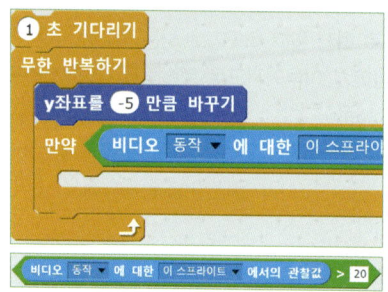

이벤트에서 '만약에 ~라면'의 조건 블록(if문)을 넣어서 비디오 동작에 대해 관찰한다. 0~100의 숫자에서 0은 정지화면, 100은 빠른 움직임, 20은 일반적인 움직임 정도이다.

### 펭귄을 위로 올려서 처리하는 추가 블록 만들기

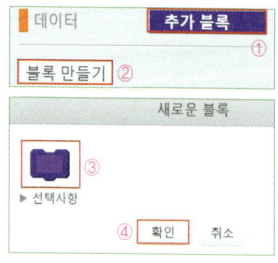

① 추가 블록을 클릭한다.
② 블록을 만든다.
③ 블록의 이름을 만든다. "위로 올리기"라고 블록 이름을 정했다. 이것은 사용자가 정한 이름이다.
　사용자 이름과 코딩하는 자 임의대로 붙일 수 있는 이름이다.
④ 확인을 누른다.

'만약 ~라면'의 조건 블록에 "위로 올리기" 추가 블록 만든 것을 넣는다.

떨어지는 펭귄을 위로 올리기

① 소리 블록에서 소리가 나도록 재생한다.
② 이벤트 블록에서 '~까지 반복하기'(until문)를 넣는다. 언제까지 반복하면 될까? 펭귄이 바닥으로 떨어지면 펭귄은 없어지고 다시 처음부터 시작한다. 그러므로 연산자에서 세로 좌표인 y좌표를 10만큼씩 더하므로 위로 올라가게 한다.
③ 점수는 올라가는 만큼 5점씩 추가된다.
④ 만약 180 이상이면 맨 아래로 내려간 것이므로 반복문을 끝내고 초기 상태로 간다.

• 펭귄을 구하라 완성된 코딩

### ◉ 컴퓨팅적 사고 응용력 높이기

게임의 난이도를 높이기 위해서 2, 3마리 펭귄을 더 만들어 보자.

# 미로 찾기 게임

**학습 목표**

" 키보드를 이용하여 게임을 조정하는 방법을 익힌다. "

https://scratch.mit.edu/projects/167168971/

##  미로 그리기

**1단계** 미로 게임 무대를 만든다.

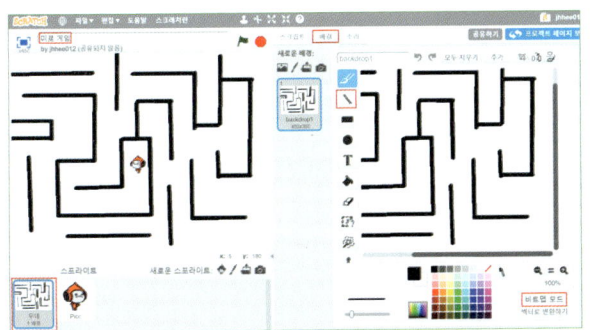

① 프로젝트 이름을 '미로 게임'으로 한다.
② 무대에 미로를 그리기 위해 무대를 클릭한다.
③ 배경 탭을 누른 후
④ 비트맵으로 되어 있는지 확인한다.
⑤ 선을 이용하여 미로를 그린다.

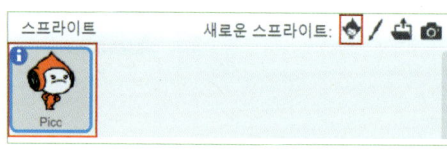

① 저장소에서 Pico를 선택하여 불러온다.
② 오른쪽 버튼을 눌러 고양이를 삭제한다.

**2단계** 시작 스크립트를 만든다.

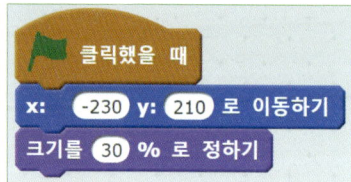

① pico를 왼쪽 제일 위로 이동하기 위해서 'x, y좌표로 이동하기' 동작 블록을 넣는다.
② pico가 너무 커서 크기를 조정하려면 크기 정하기를 100%보다 작은 숫자로 입력한다. 크게 만들려면 100%보다 큰 수를 입력한다.

① pico를 계속 움직여야 하므로 제어 블록의 무한 반복하기를 넣는다.
② pico가 미로선에 닿았으면 모습을 변하게 하고 뒤로 −2칸 물러서게 만든다. 검정색으로 바꾸려면 빨간색 부분의 ■색을 클릭하고 무대에서 바꾸려는 색을 클릭하면 된다(미로의 색을 클릭).

① 형태 블록 pico의 크기를 30%로 줄인다.
② 형태 블록 pico의 모양을 pico-d로 바꾼다.
③ 동작 블록 −2만큼 뒤로 물러난다.

**3단계** pico 스크립트를 만든다.

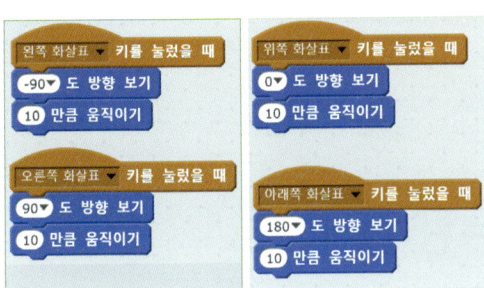

키보드를 움직이게 하는 이벤트
① 이벤트에서 '~키를 눌렀을 때'
   를 놓는다.
   '오른쪽 화살표 키를 눌렀을 때'
② 90도 방향 보기
③ 10만큼 움직이기

- pico 회전 방식을 바꾸려면

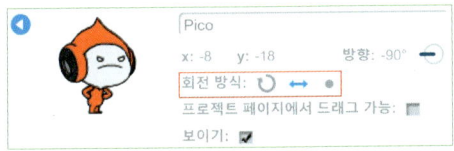

pico가 오른쪽, 왼쪽 화살표에 고개를 자동으로 돌리게 하려면 스프라이트 도구모음에서 ①를 클릭해서 회전 방식을 바꾼다.

# Chapter 04

## 수학 공부방

**학습 목표**

" 연산하기 알고리즘을 익힌다. "

" 입력문에 대하여 공부한다. "

" 변수에 대하여 알아 본다. "

" 출력문 결합하는 기능을 알아 본다. "

https://scratch.mit.edu/projects/166024429/

 **프로젝트 개요**

- 선생님이 내 주신 문제를 풀면서 수학 공부를 할 수 있다.
- 사칙연산을 공부한다.

- 실행 버튼을 누르고 선생님이 말씀하신 대로 덧셈을 하려면 1번, 뺄셈을 하려면 2번, 곱셈을 하려면 3번, 나눗셈을 하려면 4번을 누른다.
- 난이도를 조정할 수 있다. 1~100까지 연산은 1번, 101~500까지 연산은 2번, 501~1000까지 연산은 3번이다.
- 문제 수도 정할 수 있다.
- 연산 공부를 계속하려면 1 또는 2를 누른다.

 실행 결과

**1단계** 무대 배경을 바꾼다.

- 내 작업실에서 새 프로젝트를 선택한다.
- 프로젝트명은 '산수시간'으로 한다.
- 저장소에서 무대 배경 선택을 한다. room1을 불러온다.

**2단계** 스프라이트를 준비한다.

스프라이트 방향을 반대로 만들어 보자.

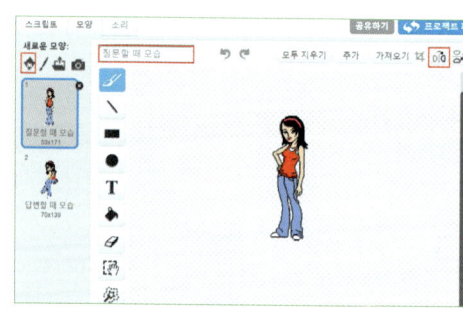

① 루비(ruby-a)의 방향을 반대로 바꾸려면 루비 스프라이트를 선택한 후 모양 탭에서 좌우 전환을 누른다. ruby-a의 이름을 "질문할 때 모습"으로 바꾼다.
② 루비(ruby-b)의 방향도 반대로 바꾼다. ruby-b의 이름을 "답변할 때 모습"으로 바꾼다.
만약에 무대에 루비가 보이지 않으면 스프라이트 도구모음에서 오른쪽 버튼을 눌러서 '보이기'를 누른다.

**3단계** 사칙연산을 입력받아서 공부한다.

- 조건 1 : 1단계는 한 자릿수 연산, 2단계는 두 자릿수 연산, 3단계는 세 자릿수 연산으로 한다.
- 조건 2 : 덧셈, 뺄셈, 곱셈, 나눗셈 연산을 한다.
- 조건 3 : 학생이 답변하면 바로 정답을 가르쳐 준다.
- 조건 4 : 답변을 할 때는 ruby-b가 일어서서 답변한다.

"질문할 때 모습"의 스크립트를 작성한다.

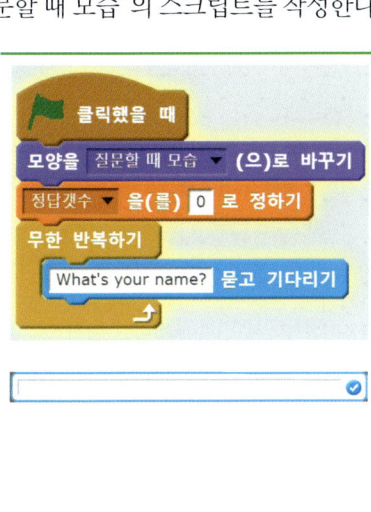

① 이벤트에서 '클릭했을 때'를 드래그하여 스크립트에 놓는다(C언어에서 프로그램 시작 main( )).
② 선생님의 모습을 "질문할 때 모습"으로 바꾼다.
③ 산수 공부를 종료하기 전까지 계속하기 위해서 무한 반복하기 블록을 넣는다. (C언어에서 while(true) 또는 for( ; ; ))
④ 학생과 공부할 연산의 종류를 고르라는 메시지를 보내고 학생의 답변이 들어올 때까지 대기한다. 또한 무대에 입력할 수 있는 화면이 보인다(C언어에서 scanf("%d", &answer);.
묻고 기다리기의 답을 학생이 했으면 그것의 자료를 답변에 넣는다.
What's your name?의 글자를 학생에게 물어볼 내용으로 쓰면 된다.
"1 덧셈 2 뺄셈 3 곱셈 4 나눗셈"을 입력한다. (C언어에서 printf("1 덧셈 2 뺄셈 3 곱셈 4 나눗셈");)

학생의 대답을 담아 줄 변수를 만든다. 데이터 블록에서 변수 만들기를 누른 후 변수 이름에 "난이도"를 쓴다. '모든 스프라이트에서 사용'은 전역변수의 개념이고 '이 스프라이트에서만 사용'은 지역변수의 개념이다.
이후 변수의 이름은 "문제 개수", "계산 방법" 방법도 동일하게 만든다.
체크 표시가 되어 있으면 보이기와 같다. 즉, 무대에 체크 표시된 것이 보인다.

• 대답 안에 입력한 숫자를 받아서 계산형태 변수에 넣어 준다.
• 계산 형태 = 대답; 대답에 있는 자료를 계산형태에 넣어 준다.

- 질문하고 답변을 받아서 변수에 넣어 주는 형태로 반복한다.
- 묻고 기다리기는 네모 안에 입력한 자료를 묻고 사용자의 답변을 기다렸다가 답변한 것을 대답이라는 변수에 담는다.

제어 블록에서 '만약에 ~라면' 넣기
- 연산블록에서 '계산형태 = 10이면'의 조건식이 참이 되면 아래 문장을 수행한다.
- 이벤트에서 덧셈 방송하기를 드래그하여 블록에 추가한다.
- 방송하기는 모든 스크립트에 '덧셈을 받았을 때' 블록이 받아서 작동을 하는 것이다.
- 방송하고 기다리기는 함수 호출 및 함수 실행 후 다시 되돌아오는 것을 의미한다. 조건문 안에 또 다른 조건문을 넣는 것이다. 이것을 이중 if문이라고 한다.
- if(계산형태 == 1)
- 함수 호출, 이중 조건문을 사용한다.

1번의 학습이 다 끝나면 공부를 더 할 것인지 아니면 그만할 것인지를 묻는 조건문을 작성한다.
① 가장 바깥은 무한 반복문이 끝나기 전에 관찰에서 묻고 기다리기를 넣는다.
② 만약에 대답이 2라면 모든 공부는 끝난다. 끝나기 전에 맞춘 개수를 알려 준다. 정답 개수는 변수로 만든다. 이후 모든 스크립트는 멈춘다.

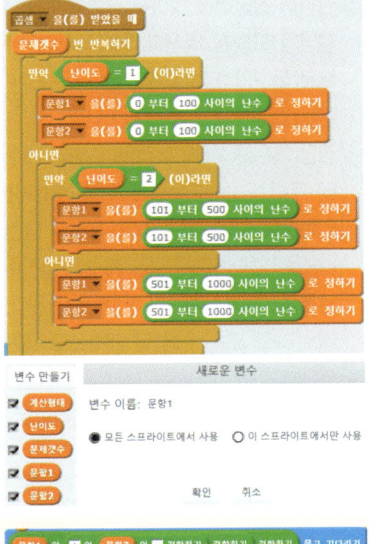

곱셈 방송하기를 받았을 때 처리하는 프로시저다.
① 문제 개수만큼 반복하고 반복문을 끝내고 곱셈 방송하기 다음으로 되돌아간다.
② 난이도에 따라 문제가 달라지므로 난이도가 1, 2, 3인지를 판단하는 조건문을 사용한다.
③ 문항1, 문항2는 0~100 사이의 임의의 값이 만들어진 것을 저장해 둘 변수다. 변수 만들기로 만들면 된다.
문항 수를 2개 이상 하려면 변수를 더 만들고 추가해서 넣으면 된다.

"문항1 + 문항2 =" 문제를 화면에 보여야 한다.
① 묻고 기다리기
② 문항1 + 문항2 = 4개의 화면에 보여야 하므로 ( hello 와 world 결합하기 )는 hello 흰색 입력상자에 1개, world 흰색 입력상자에 1개만 보이므로 ( hello 와 world 결합하기 )를 추가로 2개 더 넣어서 만든다.

이제 문제가 나오면 학생이 답을 할 것이다. 답은 관찰 블록에서 '대답'으로 담긴다. 답을 채점하기 위해 정답을 구한다.
정답은 변수 만들기로 만든다.

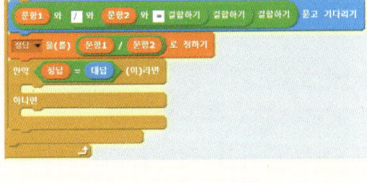

- 채점을 할 부분이다.
- 만약에 정답(컴퓨터가 구한 답)이 대답(학생이 답변한 답)과 같다면 맞았다. 그렇지 않다면 틀렸다.
- '만약 ~이라면' 블록은 이벤트, 연산 블록(초록색) 정답은 데이터 블록, 대답은 관찰 블록이다.

① 만약에 정답이면 앉아서 답변해야 하므로 선생님의 모습을 바꾼다. 형태에서 '모양을 ~으로 바꾸기' 블록을 코딩한다.
② "정답입니다" 2초 동안 말한다.
③ 정답 개수를 1개씩 누적한다. 정답 개수 = 정답 개수 + 1을 기준으로 뒤쪽부터 계산해서 앞쪽으로 넣어 준다. 정답 개수에 담긴 값에다 1을 더해서 다시 정답 개수에 넣어주면 이 블록을 수행할 때마다 1개씩 증가된다. 정답 개수++로 또는 ++정답 개수로도 표현할 수 있다.
④ 정답과 대답이 맞지 않다면 틀리므로 "틀렸습니다"라고 답변한다.

**4단계** 뺄셈과 곱셈, 나눗셈에 대하여서도 스크립트를 작성한다.

더하기를 빼기, 곱하기, 나누기로 바꾸면 된다.

Chapter 04 수학 공부방

# 수리 수리 마수리 정렬되라 얍!

**학습 목표**

" 정렬(Sort) 알고리즘을 이해하고 구현할 수 있다. "

" 배열의 개념을 알아본다. "

" 리스트를 만들어본다. "

https://scratch.mit.edu/projects/166404927/

 **프로젝트 개요**

　자료가 입력되면 순서대로 정렬해야 하는 경우가 많다. 예를 들면 번호순으로 정렬하든지 성적순으로 정렬한다든지 이름순으로 정렬해서 보여 주어야 하는 프로그램을 작성해야 하는 경우가 많다.

## 정렬 알고리즘의 원리

정렬되지 않은 데이터들에 대해 가장 작은 데이터를 찾아 가장 앞의 데이터와 교환해가는 방식이다.

| 35 | 10 | 20 | 5 | 8 |

위의 자료를 오름차순 정렬하면

**1단계** 첫 번째 자리 숫자 35와 두 번째 자리 숫자 10을 비교해서 첫째 자리의 숫자 35가 둘째 자리의 숫자 10보다 크므로 바꾼다.

또 조금 전에 바꾼 첫 번째 자리 10과 세 번째 자리 숫자 20을 비교해서 첫째 자리 숫자가 작으므로 바꾸지 않는다. 다시 첫 번째 자리 숫자 10과 네 번째 자리의 숫자 5 비교 후 첫 번째 자리 숫자가 더 크므로 바꾼다. 첫 번째 자리는 5가 된다. 이제 첫째 자리 수 5와 다섯 번째 자리 숫자 8을 비교해서 5가 작으므로 바꾸지 않는다.

정리하면 | 5 | 35 | 20 | 10 | 8 |

**2단계** 첫 번째 자리 숫자는 1단계에서 가장 작은 수를 넣었으므로 2단계에서는 두 번째 자리 수 35와 세 번째 자리 수 20을 비교하여 작은 수 20과 바꾼다. 두 번째 자리 수 20과 네 번째 자리 수 10을 비교하여 20이 10보다 크므로 바꾼다. 두 번째 자리 수 10과 다섯 번째 자리 수 8을 비교해서 10이 8보다 크므로 바꾼다.

정리하면 | 5 | 8 | 35 | 20 | 10 |

**3단계** 첫 번째와 두 번째는 정렬이 되어 있으므로 세 번째 자리 수부터 1, 2단계처럼 정렬하면 된다.

셋째 자리 35와 넷째 자리 20을 비교해서 자리를 바꾸어 준다. 이제 셋째 자리의 20과 다섯째 자리 10을 비교하여 자리를 바꾼다.

정리하면 | 5 | 8 | 10 | 35 | 20 |

**4단계** 넷째 자리 35와 다섯째 자리 20을 비교하여서 바꾸어 준다. 그러면 정렬이 끝난다.

| 5 | 8 | 10 | 20 | 35 |

 배열의 개념

배열은 동일한 자료형의 원소들에 순서를 매겨 나열한 집합으로 가장 기본적인 구조적 자료형이다. 배열 변수 이름 다음에 [ ]를 붙여 원소의 위치를 표시한다.

배열 : 국어점수[5]는 | 국어점수[0] | 국어점수[1] | 국어점수[2] | 국어점수[3] | 국어점수[4] |

 리스트의 개념

리스트는 여러 개의 자료를 일정한 순서에 따라 나열한 구조이다. 배열과 마찬가지로 동일한 자료형의 자료들을 담을 수 있다. 리스트 끝에 추가하기, 삭제하기, 수정 등에 이용한다.

**1단계** 스프라이트 준비하기

무대(room3)

무대 도구모음의 저장소에서 배경 선택을 누른 후 room3를 선택한다.

마술사(wizard2)

스프라이트 도구모음에서 i를 선택하여 wizard2를 마술사로 고친다.

Chapter 05 수리 수리 마수리 정렬되라 얍!

## 2단계 코딩하기

### 리스트 만들기

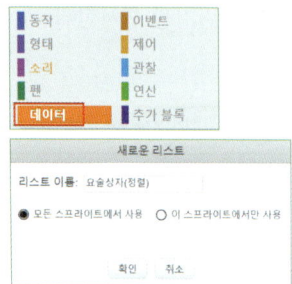

데이터 안에 '리스트 만들기' 버튼을 누른다. 리스트 이름을 '요술상자(정렬)'로 쓰고 확인을 누른다.

그러면 그림처럼 리스트 관련 변수들과 블록들이 생겨난다.

무대 화면에는 그림처럼 나타난다.

리스트 안에 있는 항목을 모두 삭제

데이터 안의 리스트에서 '~번째 항목을 ~에서 삭제하기' 블록을 사용한다.

키보드로 입력받기

관찰에서 '~묻고 기다리기' 블록에 "입력할 자료 개수?" 글자를 입력한다. 입력한 자료는 대답 변수에 들어간다.

자료 개수 변수 만들기

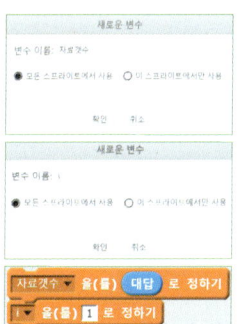

- 대답에 들어온 숫자를 담아 둘 변수를 선언한다.
- 변수 만들기 – 변수이름을 자료 개수로 쓴다. – 확인
- 관찰에서 대답 변수를 자료 개수 변수에 넣는다.
- 자료 개수 = 대답

첨자 변수 만들기

- 첨자 변수란 반복문 등에서 일시적으로 사용하는 변수로 지역 변수를 사용한다. 변수명은 i, j, k 등을 일반적으로 사용한다.
- 변수를 만들고 i를 1로 정한다. (i = 1)

Chapter 05 수리 수리 마수리 정렬되라 얍! 〈 161 〉

### 자료 개수만큼 반복하기

- 입력한 자료 개수만큼 반복하여 숫자를 입력한다.
- 여기까지 실행하면 "0번째 숫자?"라고 나온다.
- 배열의 첨자는 0부터 시작한다. 0번째를 1번째로 고치고 싶으면 i를 i + 1로 고친다. i + 1로 고치려면 연산 블록에서 ◯+◯를 만들어 넣어 준다.

### ★리스트에 자료 넣기 - 삽입, 추가하기

- 리스트에 입력한 숫자를 넣기(삽입) 위해 '대답을 1번째 요술상자(정렬)에 넣기'를 반복문 안에 코딩한다. 1번째를 입력한 순서대로 삽입할 경우 이용한다. 마지막 번째를 선택한 경우 기존 리스트에 있는 자료 뒤에 추가로 넣을 경우 사용한다(추가).
- 랜덤 번째를 선택한 경우 임의의 위치에 자료를 넣어준다. 우리는 순서대로 입력할 것이므로 1을 선택한다.

### 첨자 변숫값을 증가시키기

자료를 1개 리스트에 추가(삽입)했으므로 i값을 1개 증가시킨다.

- 마술사가 '수리 수리 마수리~'라는 단어를 외친다. 그러면 정렬이 된다.
- 위의 정렬 원리를 참고하면서 천천히 코딩 분석을 해 보자.
- 프로그램 분석을 할 때는 변수(i, j, k)의 값이 어떻게 변하는지를 차례로 쓰면서 분석을 하면 좋다.

① i를 1로 정하기 : i = 1이다.
② i 〉 자료 개수 − 1 : i가 1이고, 자료 개수는 입력한 수이므로 3이라고 가정한다면 5 〉 3 − 1은 참이므로 반복한다.
　(정렬할 자료의 예)
③ k를 i로 정하기 : k = i, 즉 i가 1이므로 k = 1이다.
④ j를 i + 1로 정하기 : j = i + 1, 즉 j = 2이다.
⑤ j 〉 자료 개수까지 반복하기 : 2 〉 3까지 반복하기. 거짓이므로 반복한다.
⑥ 만약 'j번째 요술상자(정렬) 항목 〈 k번째 요술상자(정렬) 항목'이라면, 즉 2번째 요술상자(정렬) 항목은 5 〈 1번째 요술상자(정렬) 항목 10이라면 5 〈 10이면 참이므로
⑦ 아래 k를 j로 정하기를 수행한다. k = j, 즉 k = 2가 된다.
⑧ j를 1만큼 바꾸는 j = j + 1이다. ④에서 j = 2이므로 j = j + 1은 j = 2 + 1이므로 3이 된다.
⑨ 5번 반복문으로 다시 올라가서 5~8까지 반복한다.
⑩ j 〉 자료 개수까지 반복하기. 3 〉 3까지 반복하기. 거짓이므로 반복한다.
⑪ 만약 j번째 요술상자(정렬) 항목 〈 k번째 요술상자(정렬) 항목이라면, 즉 3번째 요술상자(정렬) 항목은 7 〈 2번째 요술상자(정렬) 항목 10이라면 7 〈 10이면 참이므로
⑫ 아래 k를 j로 정하기를 수행한다. k = j, 즉 k = 3이 된다.
⑬ j를 1만큼 바꾸는 j = j + 1이다. ⑧에서 j = 3이므로 j = j + 1은 j = 3 + 1이므로 4가 된다.
⑭ 10번으로 다시 반복하러 간다.
　j 〉 자료 개수까지 반복하기. 4 〉 3까지 반복하기. 참이므로 반복을 끝내고 다음 반복으로 넘어간다. 1회 정렬이 끝났다.

⑨ 'temp를 i번째 요술상자(정렬) 항목으로 정하기'를 코딩하면 i가 1이므로 1번째 요술상자(정렬) 항목에는 첫 번째 입력한 10이 들어 있으므로 10을 temp 변수에 넣는다.
temp = 10

⑩ i번째 요술상자(정렬)의 항목을 k번째 요술상자(정렬) 항목으로 바꾸기 – 1번째 자리에 2번째 자리의 값을 넣는다. 1번째 자리는 5가 들어간다.
⑪ 바뀌는 장면을 보여 주기 위해 1초 동안 기다리기 한다.
⑫ k번째 요술상자(정렬)의 항목을 temp로 바꾸기 – 2번째 자리에 temp변수에 있는 10을 넣는다. 제일 작은 수를 1번째 칸에 정렬하여 넣는다.
⑭ 두 번째 작은 수를 정렬하기 위해서 i값을 1개 증가시킨다.

 상식 넓히기

| 정렬할 때 두 개의 값을 서로 바꾸는 알고리즘

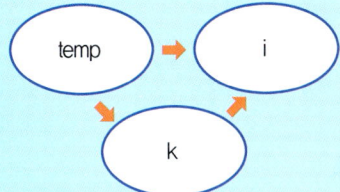

i와 k의 값을 바꾸기 위해 i = k로 설정하면 i의 값이 없어진다. 그러므로 임시변수 temp를 사용한다.

# Part 6

## 언어 코딩 - C언어의 이해 - 초급

Chapter ❶ C언어 이야기

Chapter ❷ C언어 프로그램 설치하기

Chapter ❸ 자료와 변수 이해하기

Chapter ❹ 다양한 연산자 이야기

Chapter ❺ 판단하기와 반복하기

# Chapter 01

## C언어 이야기

### C언어의 소개

켄 톰슨과 데니스 리치

프로그래밍 언어는 컴퓨터 시스템을 구동시키는 소프트웨어를 작성하기 위한 언어이다. C는 1972년 켄 톰슨과 데니스 리치가 벨 연구소에서 일할 당시 새로 개발된 유닉스 운영체제에서 사용하기 위해 개발한 프로그래밍 언어이다.

켄 톰슨은 BCPL언어를 필요에 맞추어 개조해서 "B언어"(언어를 개발한 벨 연구소의 B를 따서)라 명명했고, 데니스 리치가 이것을 개선하여 C언어를 탄생시켰다. 유닉스 시스템의 바탕 프로그램은 모두 C로 쓰여졌고, 많은 운영체제의 커널도 또한 C로 만들어졌다. 오늘날 많이 쓰이는 C++는 C에서 객체 지향형 언어로 발전된 것이다. 또 다른 다양한 최신 언어들도 그 뿌리를 C에 두고 있다.

C언어는 현장에서 일하는 프로그래머가 1969년과 1973년에 걸쳐 B언어의 부족

한 부분을 보충하기 위해 만든 언어이다. 이 언어는 프로그램 개발에 필요한 여러 언어들의 가장 기본적인 구조를 갖춘 언어이므로 프로그래머가 꿈이라면 반드시 알아두어야 하는 기본언어이다.

 **프로그래밍 언어의 역사**

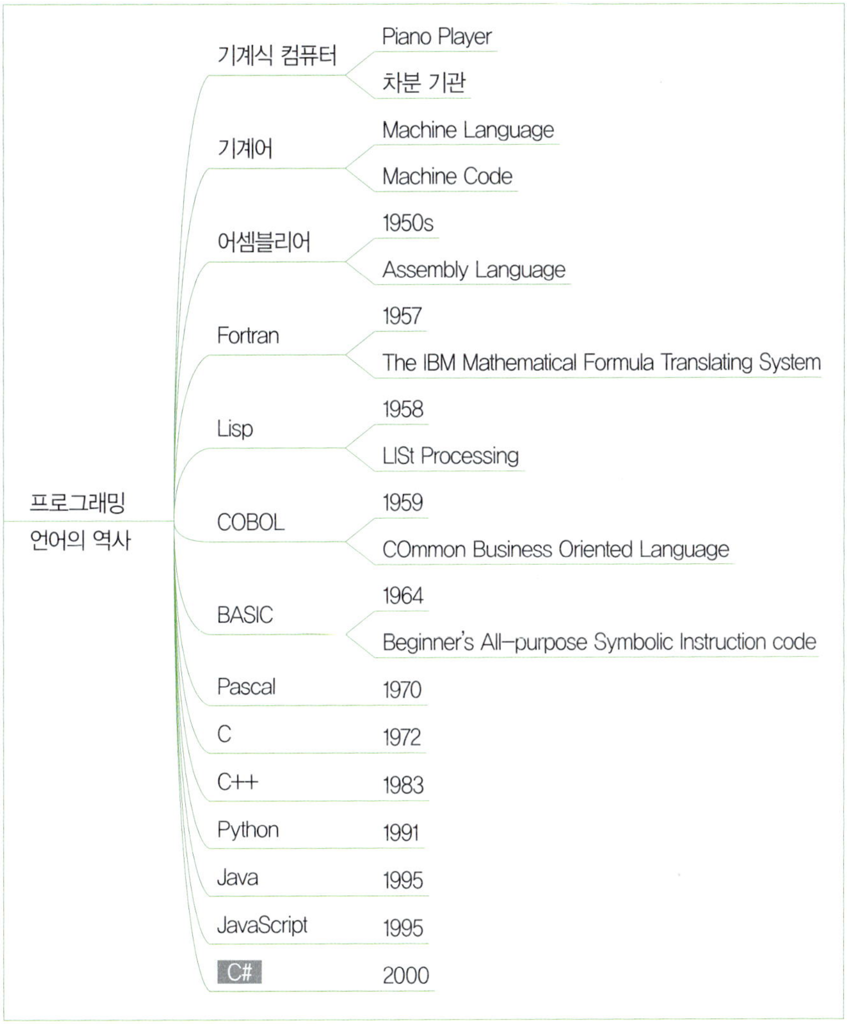

| 프로그래밍 언어의 역사 | | |
|---|---|---|
| 기계식 컴퓨터 | Piano Player | |
| | 차분 기관 | |
| 기계어 | Machine Language | |
| | Machine Code | |
| 어셈블리어 | 1950s | |
| | Assembly Language | |
| Fortran | 1957 | |
| | The IBM Mathematical Formula Translating System | |
| Lisp | 1958 | |
| | LISt Processing | |
| COBOL | 1959 | |
| | COmmon Business Oriented Language | |
| BASIC | 1964 | |
| | Beginner's All-purpose Symbolic Instruction code | |
| Pascal | 1970 | |
| C | 1972 | |
| C++ | 1983 | |
| Python | 1991 | |
| Java | 1995 | |
| JavaScript | 1995 | |
| C# | 2000 | |

- 1963년 : ALGOL 60에서 CPL이 파생됨

- 1969년 : BCPL 개발

- 1970년 : B언어 개발

- 1972년 : 벨 연구소(Bell Laboratories)에 있는 데니스 리치가 B의 후속으로 C 개발

- 1983년 : 미국 국가 표준 협회(ANSI ; American National Standards Institute)에서 짐 브로디(Jim Brodie)를 주축으로 X3J11 위원회 소집

- 1983년 12월 14일 : ANSI X3.159-1989라는 공식 명칭으로 C언어 표준 지정

- 1999년 : C99 표준안이 ISO/IEC 9899:1999라는 명칭으로 출간됨

- 2000년 5월 : ANSI의 표준으로 C99가 채택됨

## C의 발전 단계

1980년대에 C언어가 널리 사용되었다. 1990년대 소프트웨어의 새로운 방법론인 객체 지향이 새롭게 등장하면서 C언어에서 C++로 전환되었다. 2000년대 C#, 스마트개발용 Object-C가 등장했다.

최종적으로 프로그램을 개발하려면 C언어 계열의 고급언어를 익혀야 한다. 따라서 스크래치 프로그램과 병행하여 C언어를 학습하고자 한다.

# Chapter 02
## C언어 프로그램 설치하기

 설치하기

C언어를 작성하기 위한 프로그램으로 Visual studio, Dev-C++ 등이 있다. 인터넷을 통한 무료 오픈 소스 프로젝트 개발인 Dev-C++를 사용한다.

https://sourceforge.net/projects/orwelldevcpp/ ➡ DownLoad를 클릭한다.

➡ 다운로드한 파일을 실행하여 설치한다.

➡ 사용자 계약이 나오면 '동의함' 버튼을 누른다. ➡ 설치 형태 선택을 'full'로 하면 필요한 디스크 공간은 346.8MB이며 다음 버튼을 누른다. ➡ 아래 화면에서 설치 폴더를 정하고 설치 버튼을 누른다.

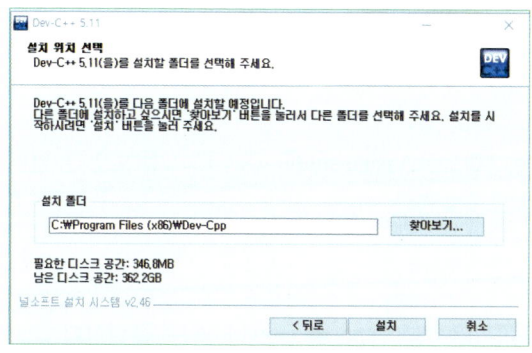

설치가 되었다.

## C언어 실행하기

바탕화면의 아이콘을 더블클릭한다.

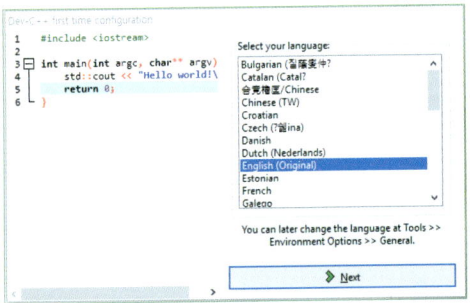

실행하면 사용할 언어를 Korea(한국어)로 선택한다.

Next 버튼을 누른다.

C언어 화면은 다음과 같다.

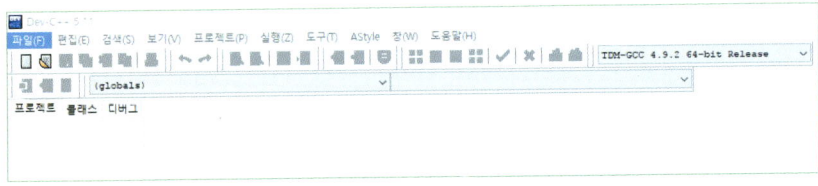

**프로그램 코딩하기 전에 시작하는 방법**

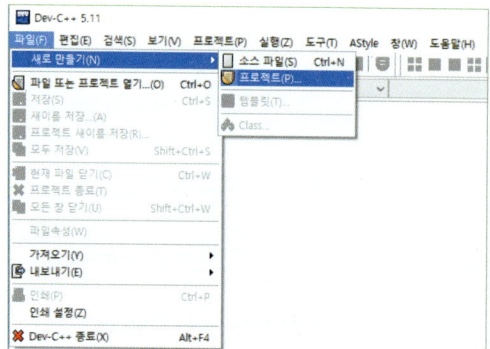

파일 – 새로 만들기 – 프로젝트를 선택한다.

Console Application과 C언어를 선택하고 프로젝트명을 "Pro1"(사용자 이름)으로 입력하고 확인 버튼을 누른다. Pro1은 파일명으로 임의로 정할 수 있다.

'다른 이름으로 저장' 화면에서 폴더 위치 Lang 위치에서 Project 폴더를 만들어 저장 파일명을 확인하고 저장 버튼을 누른다.

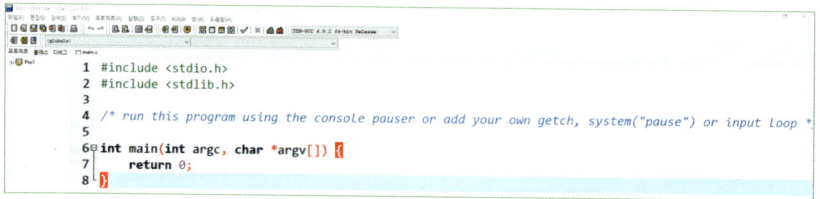

그러면 그림과 같이 나타난다. 7줄 return 0; 위에 프로그램을 넣으면 된다.

## 프로그램 컴파일하기

- 실행 ➡ 컴파일 ➡ 에러가 있으면 메시지를 보고 에러를 고쳐야 한다.
- 실행 ➡ 실행 프로그램이 실행된다.

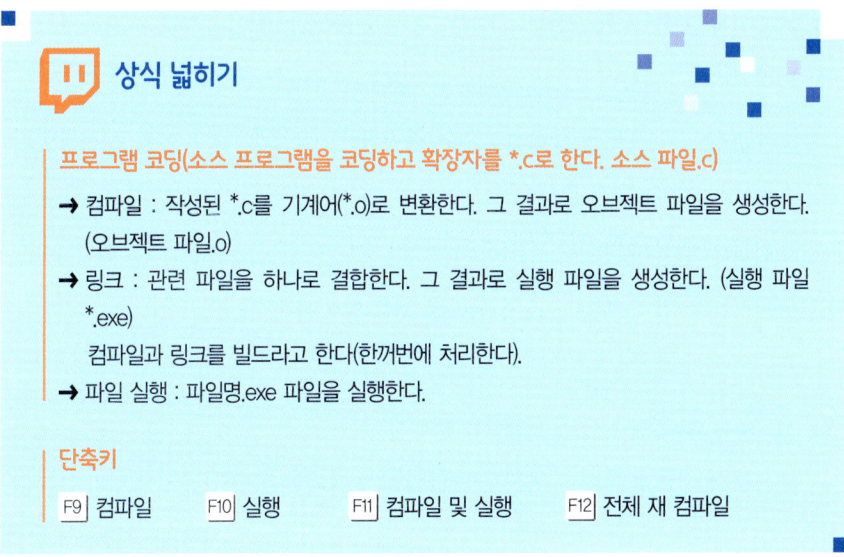

### 상식 넓히기

**프로그램 코딩(소스 프로그램을 코딩하고 확장자를 *.c로 한다. 소스 파일.c)**

→ 컴파일 : 작성된 *.c를 기계어(*.o)로 변환한다. 그 결과로 오브젝트 파일을 생성한다. (오브젝트 파일.o)

→ 링크 : 관련 파일을 하나로 결합한다. 그 결과로 실행 파일을 생성한다. (실행 파일 *.exe)
컴파일과 링크를 빌드라고 한다(한꺼번에 처리한다).

→ 파일 실행 : 파일명.exe 파일을 실행한다.

**단축키**

F9 컴파일    F10 실행    F11 컴파일 및 실행    F12 전체 재 컴파일

# Chapter 03

## 자료와 변수 이해하기

 **자료의 표현 방법**

사람은 물체를 인식하고 계산할 때 이미지로 처리한다. 계산을 할 때 미리 학습한 대로 뇌에서 인지한 후 계산한다. 사람은 자료를 표현할 때 이미지로 저장하므로 속도는 느리더라도 무한의 자료를 처리할 수 있다.

컴퓨터는 사용되는 모든 자료를 2진수, 즉 0 또는 1의 코드로 표현하고 저장한다. 그러므로 모든 자료 숫자, 문자를 모두 2진수 숫자로 변환한다. 또한 문자, 정수, 실수를 표현하는 방식이 다르므로 사용하는 2진 코드의 길이도 다르다. 프로그래머는 자료가 저장되는 방식에 따라 크기가 다른 것을 알아야 한다.

 **문자의 표현**

문자는 고유 번호를 부여한 코드로 변환되어 표현되는데 이를 문자체계라 부른다. C언어에서 미국표준코드인 ASCII(American Standard Code for Information Interchange)로 7비트를 사용해 128개의 문자, 숫자, 특수문자에 고유 번호를 부여하여 사용하고 있다. 그러나 128개로 제한되어 있으므로 한글, 한자, 특수문자나 영어권이 아닌 나라들은 컴퓨터로 자국의 글자를 표현할 수 없으므로 국제적으로 표준화한 유니코드(unicode)를 사용하고 있다.

## 아스키 코드표

| 10진수 | 16진수 | 문자 | 10진수 | 16진수 | 문자 | 10진수 | 16진수 | 문자 | 10진수 | 16진수 | 문자 |
|---|---|---|---|---|---|---|---|---|---|---|---|
| 0 | 0x00 | NULL | 32 | 0x20 | SP | 64 | 0x40 | @ | 96 | 0x60 | ` |
| 1 | 0x01 | SOH | 33 | 0x21 | ! | 65 | 0x41 | A | 97 | 0x61 | a |
| 2 | 0x02 | STX | 34 | 0x22 | " | 66 | 0x42 | B | 98 | 0x62 | b |
| 3 | 0x03 | ETX | 35 | 0x23 | # | 67 | 0x43 | C | 99 | 0x63 | c |
| 4 | 0x04 | EOT | 36 | 0x24 | $ | 68 | 0x44 | D | 100 | 0x64 | d |
| 5 | 0x05 | ENQ | 37 | 0x25 | % | 69 | 0x45 | E | 101 | 0x65 | e |
| 6 | 0x06 | ACK | 38 | 0x26 | & | 70 | 0x46 | F | 102 | 0x66 | f |
| 7 | 0x07 | BEL | 39 | 0x27 | ' | 71 | 0x47 | G | 103 | 0x67 | g |
| 8 | 0x08 | BS | 40 | 0x28 | ( | 72 | 0x48 | H | 104 | 0x68 | h |
| 9 | 0x09 | HT | 41 | 0x29 | ) | 73 | 0x49 | I | 105 | 0x69 | i |
| 10 | 0x0A | LF | 42 | 0x2A | * | 74 | 0x4A | J | 106 | 0x6A | j |
| 11 | 0x0B | VT | 43 | 0x2B | + | 75 | 0x4B | K | 107 | 0x6B | k |
| 12 | 0x0C | FF | 44 | 0x2C | , | 76 | 0x4C | L | 108 | 0x6C | l |
| 13 | 0x0D | CR | 45 | 0x2D | - | 77 | 0x4D | M | 109 | 0x6D | m |
| 14 | 0x0E | SO | 46 | 0x2E | . | 78 | 0x4E | N | 110 | 0x6E | n |
| 15 | 0x0F | SI | 47 | 0x2F | / | 79 | 0x4F | O | 111 | 0x6F | o |
| 16 | 0x10 | DLE | 48 | 0x30 | 0 | 80 | 0x50 | P | 112 | 0x70 | p |
| 17 | 0x11 | DC1 | 49 | 0x31 | 1 | 81 | 0x51 | Q | 113 | 0x71 | q |
| 18 | 0x12 | SC2 | 50 | 0x32 | 2 | 82 | 0x52 | R | 114 | 0x72 | r |
| 19 | 0x13 | SC3 | 51 | 0x33 | 3 | 83 | 0x53 | S | 115 | 0x73 | s |
| 20 | 0x14 | SC4 | 52 | 0x34 | 4 | 84 | 0x54 | T | 116 | 0x74 | t |
| 21 | 0x15 | NAK | 53 | 0x35 | 5 | 85 | 0x55 | U | 117 | 0x75 | u |
| 22 | 0x16 | SYN | 54 | 0x36 | 6 | 86 | 0x56 | V | 118 | 0x76 | v |
| 23 | 0x17 | ETB | 55 | 0x37 | 7 | 87 | 0x57 | W | 119 | 0x77 | w |
| 24 | 0x18 | CAN | 56 | 0x38 | 8 | 88 | 0x58 | X | 120 | 0x78 | x |
| 25 | 0x19 | EM | 57 | 0x39 | 9 | 89 | 0x59 | Y | 121 | 0x79 | y |
| 26 | 0x1A | SUB | 58 | 0x3A | : | 90 | 0x5A | Z | 122 | 0x7A | z |
| 27 | 0x1B | ESC | 59 | 0x3B | ; | 91 | 0x5B | [ | 123 | 0x7B | { |
| 28 | 0x1C | FS | 60 | 0x3C | < | 92 | 0x5C | \ | 124 | 0x7C | | |
| 29 | 0x1D | GS | 61 | 0x3D | = | 93 | 0x5D | ] | 125 | 0x7D | } |
| 30 | 0x1E | RS | 62 | 0x3E | > | 94 | 0x5E | ^ | 126 | 0x7E | ~ |
| 31 | 0x1F | US | 63 | 0x3F | ? | 95 | 0x5F | _ | 127 | 0x7F | DEL |

## 자료형의 종류

프로그램에서 처리하는 기본 자료인 문자, 정수, 실수를 사용하려면 변수를 선언해야 한다. 변수 선언은 변수에 자료 값을 저장할 주기억장치 기억공간을 할당하는 것을 말한다.

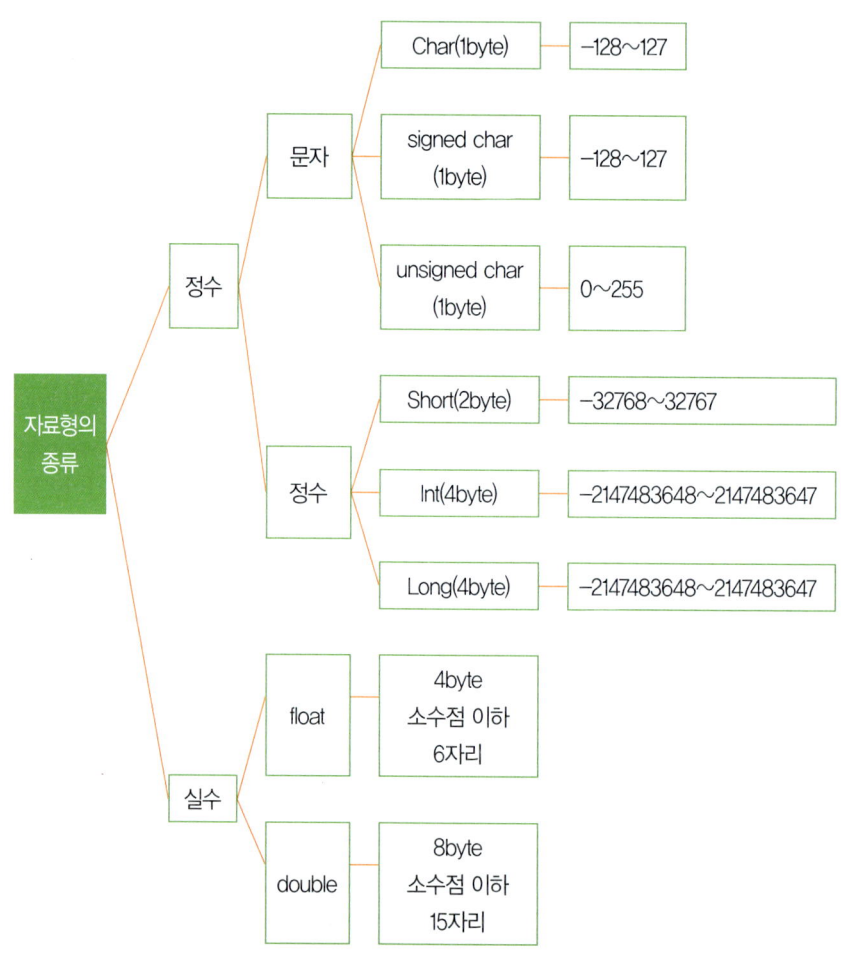

## 변수의 개념 및 규칙

변수란 프로그램 실행 중간에 변하는 값을 저장해 두는 것이다. 변수나 함수 등 프로그래머가 임의로 붙여 주는 이름을 사용자 정의어(user name) 또는 식별자(identifier)라고 부른다.

이를 만들 때 규칙이 있다.

> **변수의 규칙**
> - 영어 소문자, 대문자, 숫자, 밑줄문자(_)만 사용해야 한다.
> - 첫 글자로 숫자는 안 된다.
> - 변수명 내에 공백을 포함할 수 없다.
> - 예약어(명령어)는 사용할 수 없다.
> - 변수의 길이에는 제한이 없다.

### 삼각형 넓이 구하는 프로젝트

밑변이 3cm, 높이가 5cm인 삼각형의 넓이를 구하는 프로젝트 수행하기

**문제 분석**

- 내가 알고 있는 일반 상식은? 삼각형의 넓이 = 밑변 × 높이 ÷ 2이다.
- 필요한 변수는 무엇일까? 밑변을 width변수로 지정, 높이는 height변수로 지정, 넓이를 area로 지정한다.
- 변수의 형은 어떻게 할까? 밑변은 3cm이므로 정수형 int이다. 높이는 5cm이므로 역시 정수형 int이다. 넓이는 계산하면 7.5고 실수형으로 이어야 하므로 float나 double형으로 선언해야 한다.

## 🔷 순서도

| 순서도 | 의사코드 | 스크래치 프로그램 |
|---|---|---|
| 시작 → width, height area → width=3, height=5 → area= width*height/2 → area 면적 → 끝 | 프로그램 시작<br>• width, height, area변수 선언<br>• width변수에 3을 넣는다.<br>• height변수에 5를 넣는다.<br>• area = width * height / 2<br>• 면적을 구한다.<br>• area 면적을 출력한다.<br>• 프로그램을 종료한다. | 클릭했을 때<br>width 을(를) 3 로 정하기<br>height 을(를) 5 로 정하기<br>area 을(를) 0 로 정하기<br>area 을(를) width * height / 2 만큼 바꾸기<br>area 말하기 |

## 🧩 스크래치 프로그램

시작은 [클릭했을 때] 로 코딩한다.

[width, height, area] 는 변수를 선언하는 것으로 데이터의 변수 만들기를 누른 후 변수 이름을 width, height, area로 만든다. "○ 모든 스프라이트에서 사용"은 전역변수로 함수 밖에 선언하여 모든 함수에서 사용할 수 있는 변수이고 "◉이 스프라이트에서만 사용"은 지역변수로 함수 속에서만 변수를 사용할 수 있는 범위를 지정한다.

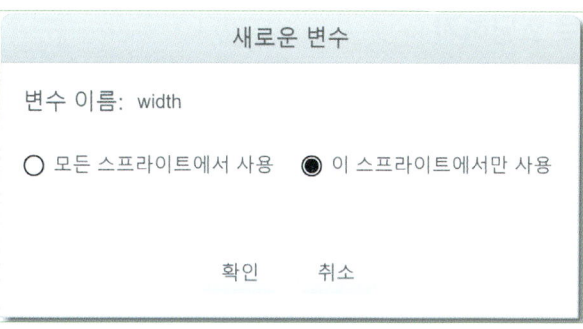

width=3, height=5 는 데이터의 변수 블록에 [width 을(를) 3 로 정하기] [height 을(를) 5 로 정하기] 로 코딩한다.

area= width*height/2 는 데이터의 변수 블록 [area 을(를) 0 로 정하기]에 연산자의 나누기 ( / )의 뒷부분에 2를 입력한다. 그리고 (width * height) 곱하기 연산자에 변수 width와 height를 넣는다. 그리고 나누기 연산자의 앞에 넣어 주면 area = width × height ÷ 2의 계산을 할 수 있다. [area 을(를) (width * height) / 2 만큼 바꾸기]

area 면적 은 화면에 결과를 출력하는 것을 말한다. [area 말하기]

 **C언어로 코딩하기**

프로그램 코딩하기 전에 실행하기 부분을 참고하여 실습한다.

파일 - 새로 만들기 - 프로젝트 Console Application - C언어 - 프로젝트명 Pro1 - 프로젝트명을 쓴다.

```c
#include <stdio.h>
#include <stdlib.h>

int main(int argc, char *argv[]) {
    int width, height;
    float area;
    width = 3;
    height = 5;
    area = width * height / 2.0;
    printf("%f", area);
    return 0;
}
```

① #include 〈stdio.h〉 #헤더 선행처리기 명령으로 main()함수 처리하기 이전에 헤더파일에 있는 자료를 지금 파일에 포함해 주는 역할을 한다. stdio.h는 stand input output파일로 기본적인 입출력 함수를 담고 있는 헤더 파일이다.

④ int main(int argc, char *argv[]) 주 프로그램에 해당하는 부분이고, 프로그램의 시작 위치를 의미하는 특별한 함수이다.

(참고 : ①~⑫는 위의 소스라인 번호이다)

⑤ 정수형 변수 선언
⑥ 실수형 변수 선언
⑦ 변수에 3인 정수값을 넣는다.
⑧ 변수에 5인 정수값을 넣는다.
⑨ 실수형 변수에 삼각형의 넓이를 구하는 계산식으로 값을 넣는다.
⑩ 삼각형의 넓이를 출력한다.
⑪ 정수형 0을 리턴한다.
⑫ 프로그램을 종료한다.

· **프로그램 실행 방법**

프로그램을 입력한 후 F9을 눌러서 컴파일을 한다. 파일명 Pro1.C를 쓴다. 에러가 없으면 F10을 눌러서 실행한다. 또는 F11을 눌러서 컴파일한 후 바로 실행하도록 해도 된다.

(참고 : 컴파일하기 전에 Pro1.C로 저장한다)

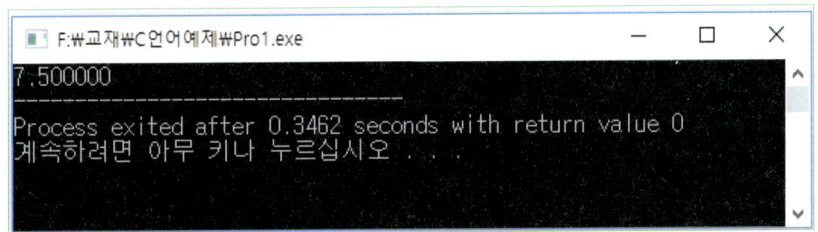

# Chapter 04

## 다양한 연산자 이야기

| 연산자 | 기호 | 내용 |
|---|---|---|
| 대입연산자 | = | 변수명 = 값, 변수명 = 변수, 변수명 = 수식 |
| 산술연산자 | +, −, *, /, % | 더하기, 빼기, 곱하기, 나누기, 나머지 |
| 복합연산자 | +=, −=, *=, /=, %=, 《=, 》=, &=, \|=, ^= | a + = b는 a = a + b와 같다. a − = b는 a = a − b와 같다. |
| 관계연산자 | 〉, 〉=, 〈, 〈=, ==, != | 크다, 크거나 같다, 작다, 작거나 같다, 같다, 같지 않다. |
| 논리연산자 | &&, \|\|, ! | 그리고(and), 또는(or), 부정(not) |
| 조건연산자 | ? : | max = (a 〉 b) ? a : b; 만약에 a 〉 b 조건이 참이면 a를 max에 넣어라. 그렇지 않으면 b를 max에 넣어라. |
| 증감연산자 | ++, —— | a++는 a = a + 1과 같다. a——는 a = a − 1과 같다. |
| 비트연산자 | &, \|, ^, ~, 《, 》 | 2진수 연산할 때 사용. & 그리고, \| 또는, ^ 배타적 논리합, ~ 부정, 《 왼쪽 shift연산, 》 오른쪽 shift연산 |
| 주소연산자 | & | & 변수의 주소 |
| sizeof 연산자 | sizeof(연산자) | 연산자의 메모리 크기를 구한다. |

## 연산 연습 프로젝트 만들기

| 순서도 | 의사코드 | 스크래치 프로그램 |
|---|---|---|
| 시작 → int a=2, b=3,c=4; → int result1, result2, remnat; float mok; → result1= a+b-c; → result1 → 끝 | 정수형 변수 result1, mok, namugi를 선언한다.<br><br>실수형 변수 result2를 선언한다.<br><br>정수 a의 변수에 2를 넣는다. 정수 b의 변수에 3을 넣는다. 정수 c의 변수에 4를 넣는다.<br><br>result1변수에 a+b-c로 저장한다.<br><br>result1변수를 출력한다. | 변수 만들기<br>☑ a<br>☑ b<br>☑ c<br>☑ mok<br>☑ remnant<br>☑ result1<br>☑ result2<br><br>a 을(를) 2 로 정하기<br>b 을(를) 3 로 정하기<br>c 을(를) 4 로 정하기<br><br>클릭했을 때<br>a 을(를) 2 로 정하기<br>b 을(를) 3 로 정하기<br>c 을(를) 4 로 정하기<br>result2 을(를) a + b - c 만큼 바꾸기 |

## C언어로 코딩하기

```
#include <stdio.h>
int main(int argc, char *argv[] {
    int a=2,b=3,c=4;
    int result1, result2, remnat;
    float mok;
    result1=a+b-c; // 2+3-4=1
    printf("%d + %d - %d = %d \n", a, b, c, result1);
    result2=a+b/c; //2+3*4=14
```

```
    printf("%d + %d * %d = %d \n", a, b, c, result2);
    mok=a/b;// 2/3 = 0.6
    printf("몫은 %f\n", mok);
    remnant = b % 2;
    //3 나머지 4, 3을 4로 나누었을 때 나머지는 3이다.
    printf("나머지는 %d\n", remnant);
    return 0; //메인함수 종료로 프로그램 종료
}
```

**· 위의 C언어 코딩에 대한 설명이다. 숫자는 라인번호이다.**

③ 정수형 변수 3개를 선언하고 초깃값을 넣는다.
④ 정수형 변수 결과를 담을 result1, 몫을 담을 변수 mok, 나머지를 담을 변수 namugi를 선언한다.
⑤ 실수형 변수 1개를 선언한다. 결과를 담을 result2
⑥ result1 = a + b - c; 우변에 있는 변수에 값들이 계산되어서 result1에는 1이 담긴다.
⑦ 모니터로 결과가 출력된다. 처음의 %d에는 a변수의 값이 대응되어서 정수형을 출력한다. 마찬가지로 b는 두 번째 %d에 각각 대응하여서 들어간다.
```
printf("%d+%d-%d=%d\n", a,b,c,result1);
```
⑮ printf("y.d %% %d = y.d\n', a, b, namugi);에서 밑줄 %%의 앞의 %는 뒤의 특수문자를 그대로 출력하라는 의미이고, 뒤의 %는 특수문자 %를 출력하라는 의미이다.

**· 프로그램 실행 방법**

프로그램을 입력한 후 F9을 눌러서 컴파일을 한다. 에러가 없으면 F10을 눌러서 실행한다. 또는 F11을 눌러서 컴파일한 후 바로 실행하도록 해도 된다. 저장 파일명은 Pro02.C이다.

# Chapter 05

## 판단하기와 반복하기

### 1 판단하기

#### (1) 제어문

프로그램은 위에서 아래로 순차 처리하는 것이 원칙이나 일정한 조건이 만족하면 처리해야 하고, 그렇지 않으면 처리하지 말아야 하는 문장이 있을 경우는 제어문을 사용한다.

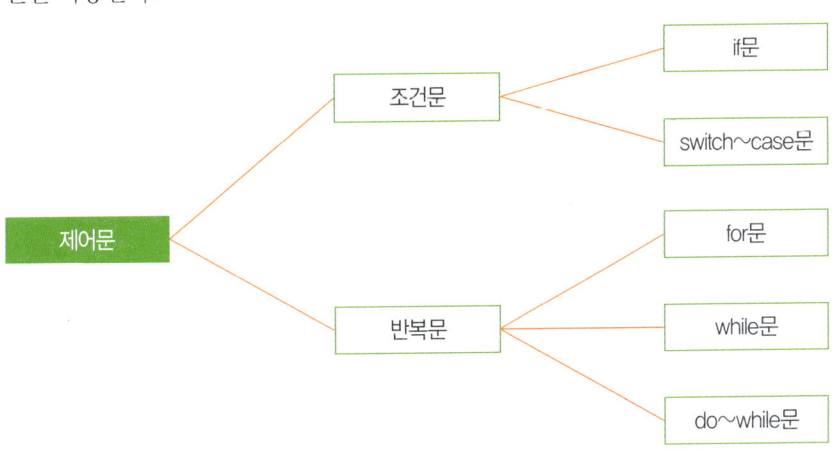

## 1) 조건문(if문, switch문)

### ① 단순 if문의 구조

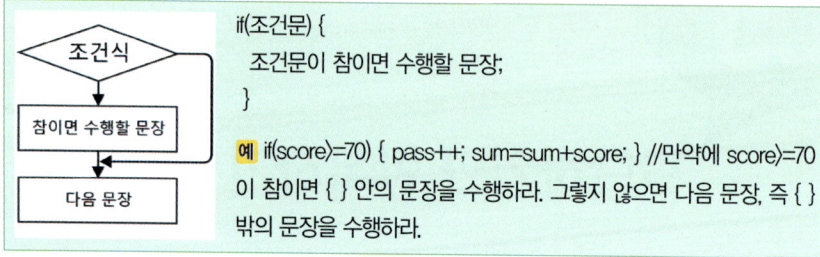

if(조건문) {
   조건문이 참이면 수행할 문장;
}

예 if(score)=70) { pass++; sum=sum+score; } //만약에 score)=70이 참이면 { } 안의 문장을 수행하라. 그렇지 않으면 다음 문장, 즉 { } 밖의 문장을 수행하라.

### ② 중첩된 if문의 구조

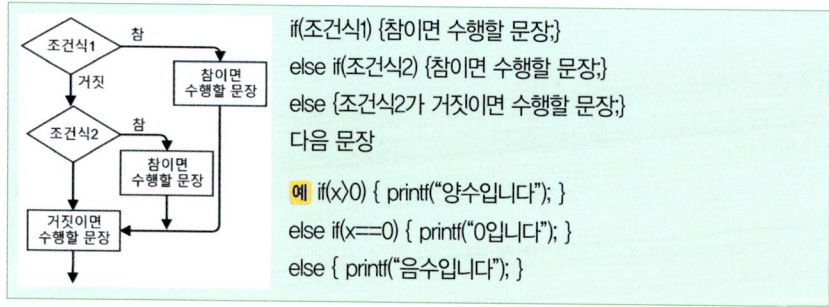

if(조건식1) {참이면 수행할 문장;}
else if(조건식2) {참이면 수행할 문장;}
else {조건식2가 거짓이면 수행할 문장;}
다음 문장

예 if(x)0) { printf("양수입니다"); }
else if(x==0) { printf("0입니다"); }
else { printf("음수입니다"); }

### ③ switch문의 구조

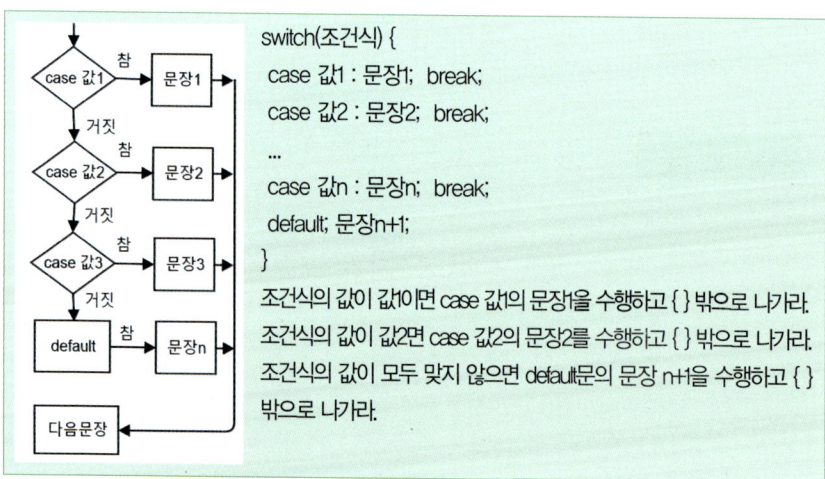

switch(조건식) {
  case 값1 : 문장1;  break;
  case 값2 : 문장2;  break;
  ...
  case 값n : 문장n;  break;
  default; 문장n+1;
}
조건식의 값이 값1이면 case 값1의 문장1을 수행하고 { } 밖으로 나가라.
조건식의 값이 값2면 case 값2의 문장2를 수행하고 { } 밖으로 나가라.
조건식의 값이 모두 맞지 않으면 default문의 문장 n+1을 수행하고 { } 밖으로 나가라.

```
1. #include <stdio.h>
2. int main(int argc, char *argv[]){
3.   printf("1.입금하기 2.출금하기 3.송금하기\n");
4.   printf("원하는 메뉴를 선택하시오.");
5.   scanf("%d",&menu);
6.   switch(menu){
7.   case 1:
8.     printf("입금하기 화면으로 이동합니다.\n");break;
9.   case 2:
10.    printf("출금하기 화면으로 이동합니다.\n");
11.  case 3:
12.    printf("송금하기 화면으로 이동합니다.\n");
13.  default:
14.    printf("잘못된 입력입니다.\n");
15. }
```

3. printf() 함수는 " " 안에 있는 문자를 화면에 출력하라는 뜻이고 \n는 줄을 바꾸어라(new line)의 의미이다.

5. scanf() 함수는 키보드로 입력을 받아라. "%d"는 정수형, menu변수 앞의 &의 표시는 menu변수의 메모리 주소를 의미한다.

6. swich(menu)는 키보드로 입력받은 변수가 1이면 case 1:으로 이동한다. 변수가 2면 case 2:으로 이동한다. 변수가 3이면 case 3:으로 이동한다. 만약 1, 2, 3이 아니면 default:으로 이동한다.

8. break문은 { } 블록 밖으로 빠지라는 의미이다. 그러므로 15 뒤로 이동하여 switch~case문이 끝난다.

· **프로그램 실행 방법**

프로그램을 입력한 후 F9을 눌러서 컴파일을 한다. 에러가 없으면 F10을 눌러서 실행한다. 또는 F11을 눌러서 컴파일한 후 바로 실행하도록 해도 된다.

### 🔷 가산점을 계산하는 프로젝트 만들기

공무원 시험을 보거나 대기업 채용 시험을 보면 가산점을 부여하는 경우가 많다. 이것을 토대로 가산점을 계산하는 프로그램을 만들어 보자.

#### 💡 문제 규칙

- 자격증이 있으면 가산점 부여

  자격증이 1개면 +1, 자격증이 2개 이상이면 +2

- 사는 지역에 따라 가산점 부여

  서울, 경기도 지역에 살면 +1, 서울, 경기도 외의 지역에 살면 +2

#### 💡 문제 분석

- 자격증에 따라 가산점 부여 규칙이 다르므로 크게 자격증이 있는 사람과 없는 사람을 구분하여 가산점을 계산하도록 한다.

  if~else문을 사용한다.

- 거주지에 따라 서울이나 경기도 지역에 사는지 여부를 if~else문을 사용하여 확인한다.

- 가산점 변수를 사용해서 누적하도록 한다.

#### 💡 의사 코드

1. if(자격증의 개수) { // 자격증 개수를 묻기

   가산점 추가 1개면 1점 추가, 2개면 2점 추가 }

2. if(거주지) { // 거주지 묻기

   거주지가 서울, 경기면 1점 추가, 서울, 경기가 아니면 2점 추가 }

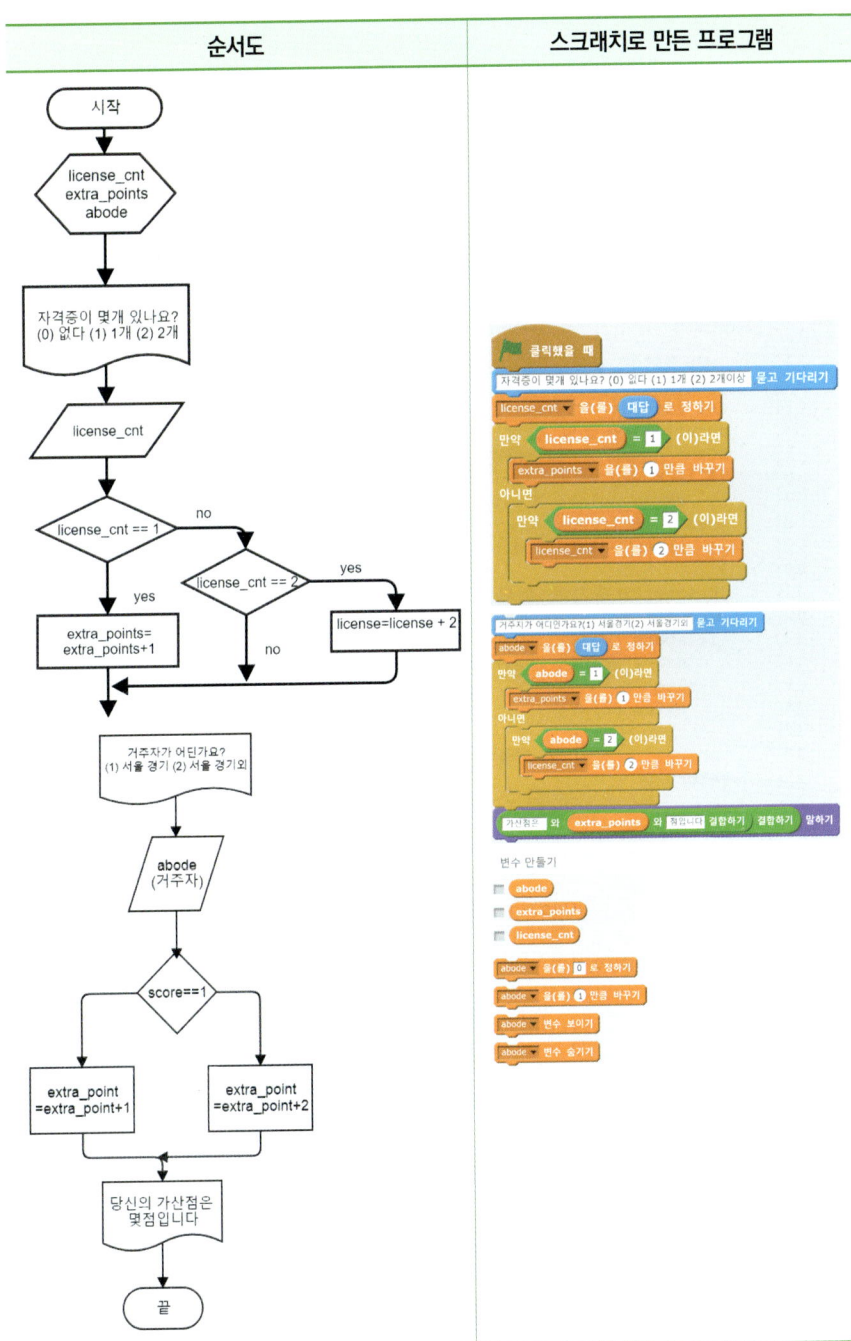

· 스크래치 프로그램의 결과

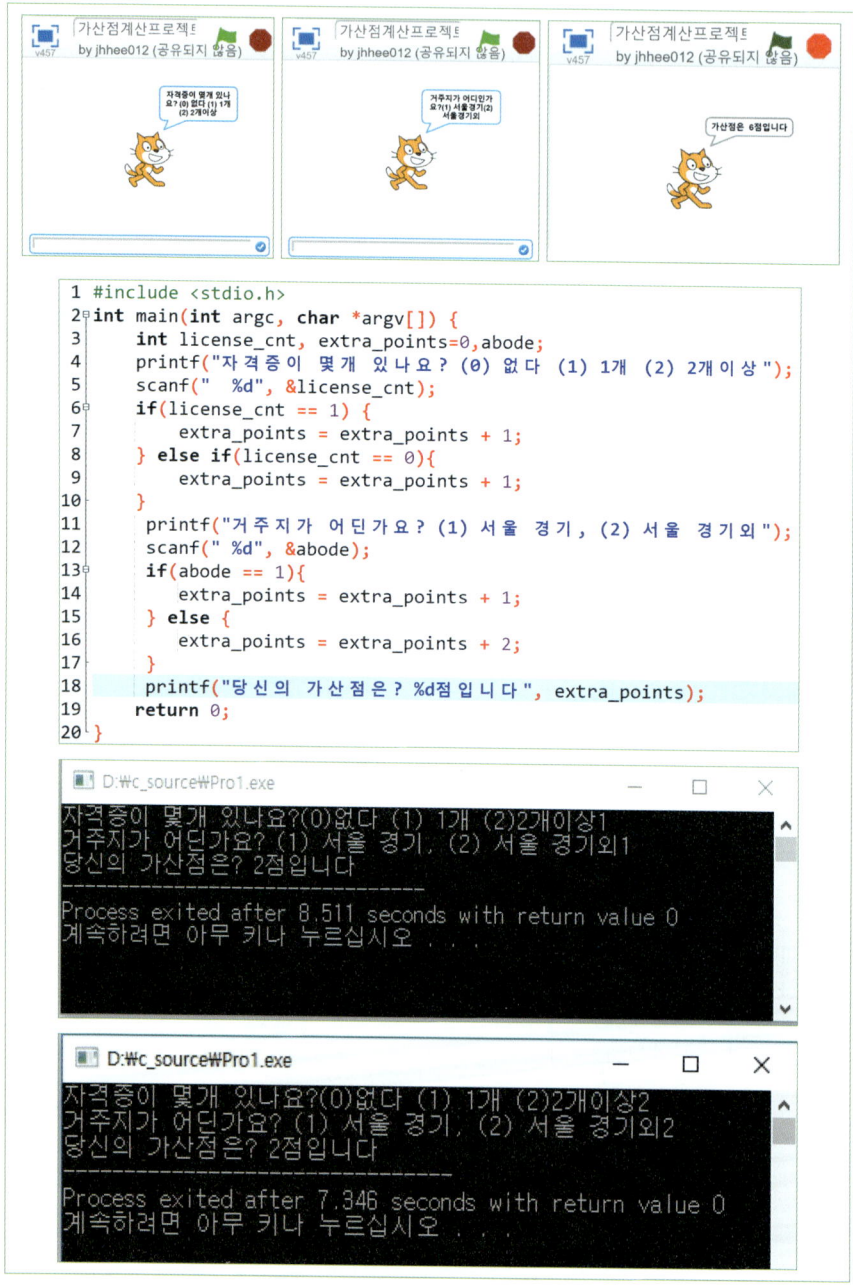

· **프로그램 실행 방법**

프로그램을 입력한 후 F9을 눌러서 컴파일을 한다. 에러가 없으면 F10을 눌러서 실행한다. 또는 F11을 눌러서 컴파일한 후 바로 실행하도록 해도 된다.

· **C언어 출력 결과**

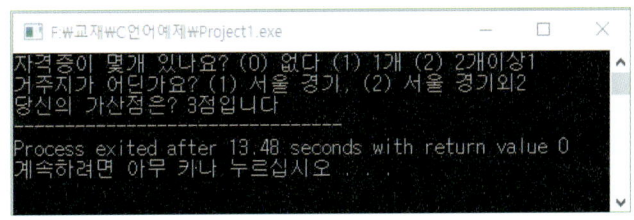

## 2 반복하기

### 1) 반복문

반복문은 동일한 내용을 정한 횟수만큼 반복하여 처리할 때 사용하는 제어문이다.

#### ① for문 형식

```
for(초기식; 조건식; 증감식) {
    반복할 내용; }
```

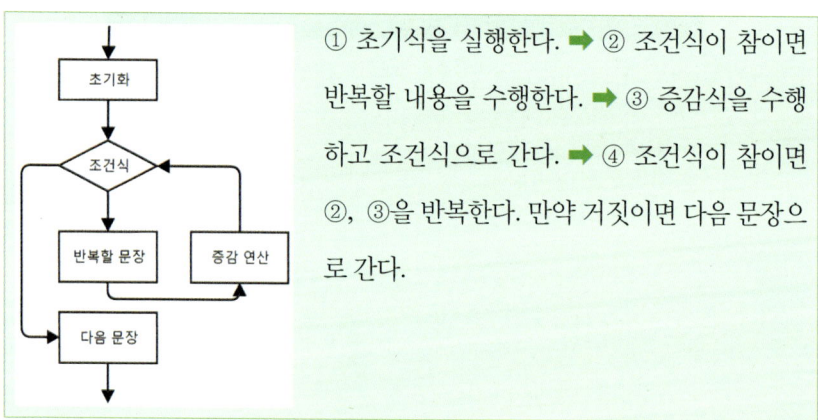

① 초기식을 실행한다. ➡ ② 조건식이 참이면 반복할 내용을 수행한다. ➡ ③ 증감식을 수행하고 조건식으로 간다. ➡ ④ 조건식이 참이면 ②, ③을 반복한다. 만약 거짓이면 다음 문장으로 간다.

🧊 **실습하기 1.** 1 + 2 + 3 + … + 100을 구하기

```
int main(){
    int i, sum=0;
    for(i=0; i<=100; i++ )
        sum += i;
```

#### ② 중첩된 for문

반복문 안에 또 다른 반복문이 포함된 것을 중첩 반복문이라고 한다.

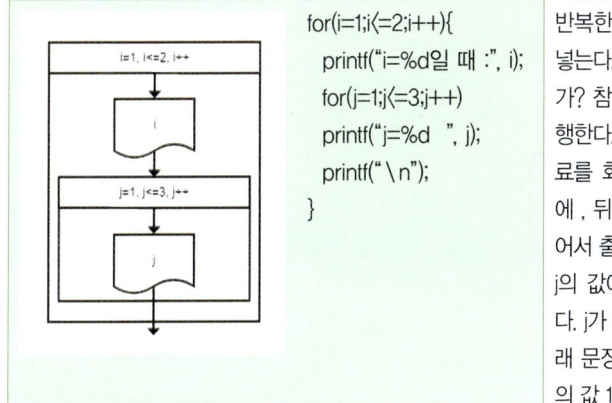

```
for(i=1;i<=2;i++){
   printf("i=%d일 때 :", i);
   for(j=1;j<=3;j++)
   printf("j=%d   ", j);
   printf("\n");
}
```

반복한다. i변수에 초깃값 1을 넣는다. i가 2보다 작거나 같은가? 참이면 { } 안의 문장을 수행한다. printf문은 " " 안의 자료를 화면에 출력한다. %d 안에 , 뒤의 i변수에 있는 값을 넣어서 출력한다.
j의 값에 1을 초깃값으로 넣는다. j가 3보다 작거나 같으면 아래 문장 j를 화면에 출력한다. j의 값 1, 2, 3이 출력된다.

· 출력 결과

i=1일 때, j=1 j=2 j=3

i=2일 때, j=1 j=2 j=3

## 💎 실습하기 2. 구구단 출력하기

```
int main() {
  int i, j;
  for(i=2;i<=9;i++){
     for(j=1;j<=9;j++){
     printf("%d * %d = %d \n", i, j, i*j);
  }
}
```

③ while문

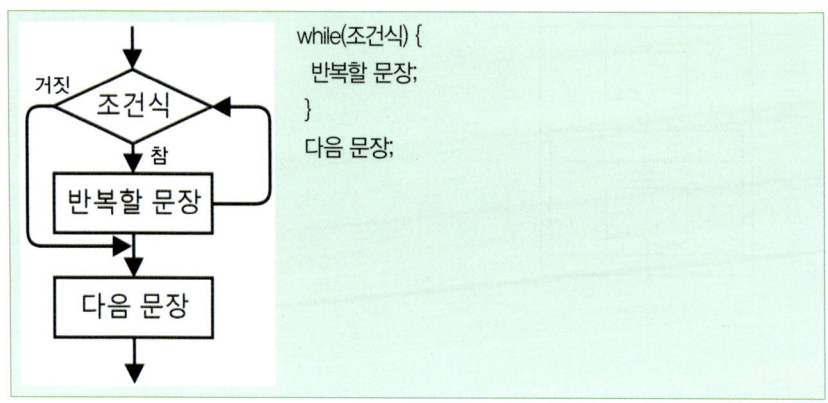

조건식이 참이면 반복할 문장을 수행한다. 그리고 다시 돌아가 조건식을 검사한다. 조건식이 참이면 다시 반복할 문장을 수행하고 조건식이 거짓이면 다음 문장을 수행한다.

💠 **실습하기 3.** 1~n의 합이 처음으로 100을 넘게 되는 n 구하기

```c
1 #include <stdio.h>
2 #include <stdlib.h>
3 int main(int argc, char *argv[]) {
4     int sum=0,i=0;
5     while(sum<=100){
6         i++;
7         sum = sum + i;
8     }
9     printf("1~ %d까지의 합 : %d \n", i, sum);
10    return 0;
11 }
```

· **프로그램 실행 방법**

프로그램을 입력한 후 F9을 눌러서 컴파일을 한다. 에러가 없으면 F10을 눌러서 실행한다. 또는 F11을 눌러서 컴파일한 후 바로 실행하도록 해도 된다.

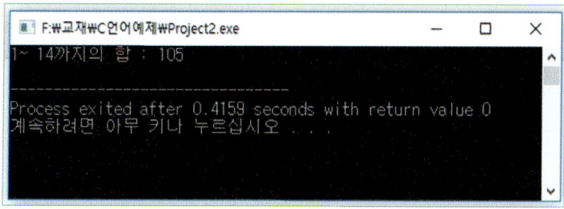

④ do~while문

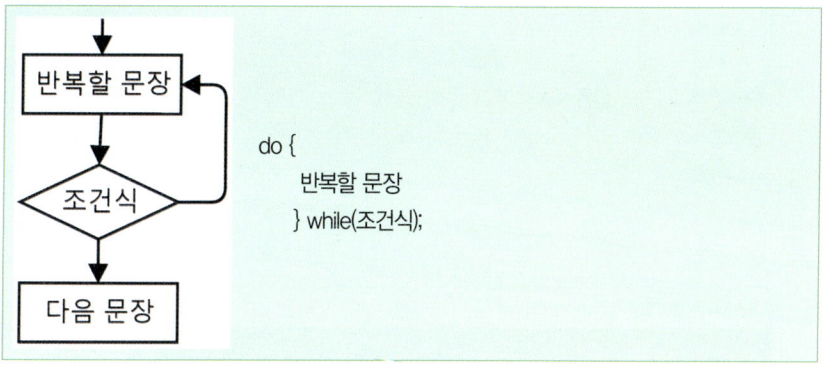

### 실습하기 4. 1~n의 합과 곱을 구하기

숫자를 입력받아서 n의 변수에 넣는다.

1 + 2 + ⋯ + n으로 합을 구한다.

n! = n * (n-1) * (n-2) ⋯ * 1로 팩토리얼을 구한다.

```c
#include <stdio.h>
#include <stdlib.h>

int main(int argc, char *argv[]) {

    int i, n, sum, multi,fa;
    printf("정수 n :");
    scanf(" %d", &n);
    i=1; sum=0; multi=1; fa=n;

 do{
    sum += i;
    multi *= fa;
    i++;
    fa--;
    }while( i<=n);
 printf(" %d까지의 합은 %d입니다\n", n, sum);
 printf(" %d까지의 곱은 %d입니다\n", n, multi);
 return 0;
}
```

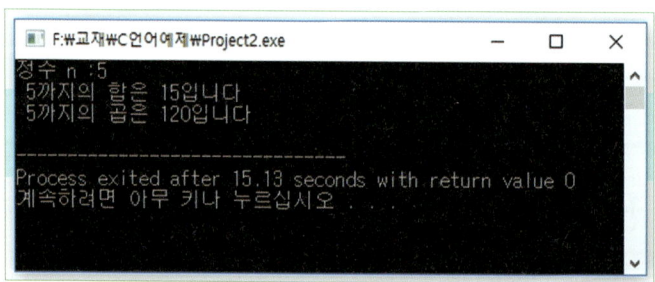

### ⑤ 기타 제어문

**break문** break문은 switch문, for문, while문, do~while문을 실행하는 중에 완전히 탈출할 때 사용하는 제어문이다.

## ✅ 예제 1

```
1  for(k=1;k<=n;k++) {
2    if(조건문) break; //for문의 끝 3번 줄로 이동한다.
3  } //for문의 끝
```

`continue문` break문은 반복문의 실행을 완전히 끝내는 데 반해 continue문은 단순히 continue문 다음 내용만 실행하지 않은 채 다음 반복으로 진행하기 위해 반복문의 시작으로 이동한다.

## ✅ 예제 2

```
int i, n, sum=0;
scanf("%d", &n);
i=0;
while(i<=n){
    i++;
  if(i % 2 == 1)
    continue; //23을 수행하지 않고 19로 간다.
    sum += i;
    }
  printf("정수 1에서 %d 이하 짝수들의 합은 %d이다.\n", n, sum);
    return 0;
}
```

# Part 7

## C언어 실습 - 중급

# CODE

**Chapter ❶** 동일한 평수 - 아파트 배열(Array)

**Chapter ❷** 요술 상자 - 함수(Function)

**Chapter ❸** 주소로 찾아가자 - 포인터(Pointer)

**Chapter ❹** 우리 집 화장실과 공중 화장실 - 지역변수와 전역변수

**Chapter ❺** 햄버거 세트 - 구조체

**Chapter ❻** 필요할 때 메모리에 올려서 사용하자 - 동적 메모리

# Chapter 01

## 동일한 평수 - 아파트 배열(Array)

### 🧩 배열

자료형이 같은 값 여러 개를 연속된 기억장소에 배열명으로 저장한 것이다.

배열 선언 int a[5];

배열 선언하면서 초깃값 int b[5] = { 1, 2, 3, 4, 5 };

| 배열의 구조와 저장된 값 ➡ | 1 | 2 | 3 | 4 | 5 |
|---|---|---|---|---|---|
| 배열 원소 참조 ➡ | b[0] | b[1] | b[2] | b[3] | b[4] |

###  배열을 이용하여 최솟값 구하는 프로젝트 만들기

#### 💡 문제 규칙

배열 안에 숫자를 5개 넣어서 최솟값을 찾아서 출력한다.

#### 💡 문제 분석

- 배열 안에 숫자를 넣는다.

- min 변수에는 가장 작은 수를 찾아서 넣기 위해 선언한다. 3자리인 경우 가장 큰 수 999를 초깃값으로 넣어준다. 왜냐하면 가장 큰 수를 넣어야 그것보다 작은 수를 배열에서 찾아서 교체하기 때문이다.
- 배열의 첫 번째 요소와 min 변수를 조건문으로 판단하여 min 변숫값이 더 작으면 배열 요소의 값과 바꾸어 준다.
- 배열의 마지막 요소까지 비교하면서 조건문을 계속 수행해야 하므로 반복문을 사용해야 한다. 그리고 min 변수에 마지막까지 담겨 있는 숫자가 최솟값이므로 출력해 주면 된다.

| C언어 코드 | 설명 |
|---|---|
| ```c#include <stdio.h>int main() {  int arr[5] = { 30, 100, 67, 200, 2 };  int i, min;  min = 999;  for(i=0; i<5; i++) {    if(arr[i] < min)        min = arr[i];  }  printf("\n 가장 작은 수 %d ", min);  return 0;}``` | 정수형 배열 5개를 선언하고 초깃값을 넣어준다.<br><br>\| 30 \| 100 \| 67 \| 200 \| 2 \|<br>\| arr[0] \| arr[1] \| arr[2] \| arr[3] \| arr[4] \|<br><br>• 반복 첫 번째<br>만약에 arr[0] < min값이 30<999이면 참이므로 min = 30을 넣는다.<br>• 반복 두 번째<br>arr[1] < min값이 100<30이 거짓이므로 min값은 그대로 30을 유지한다.<br>• 반복 세 번째<br>arr[2] < min값이 67<30이 거짓이므로 역시 min값은 그대로 30을 유지한다.<br>• 반복 네 번째<br>arr[3] < min값이 200<30이 거짓이므로 역시 min값은 그대로 30을 유지한다.<br>• 반복 다섯 번째<br>arr[4] < min값이 2 < 30이 참이므로 min = 2로 바꾼다.<br>• 반복문이 끝났으므로 min값 2가 출력된다. |

## 2차원 배열

2차원 배열은 1차원 배열이 여러 개 모인 배열이다. 수학에서는 행, 열 구조로 처리되지만, 컴퓨터에서 1차원의 연속된 기억장소에 저장된다. 즉 [2][3] ▦ 처럼 생각되지만 실상 컴퓨터에서는 ▭▭▭▭▭▭ 1차원 배열이 연속적으로 저장된다.

int test[3][4] = { { 9, 8, 9, 10 }, { 10, 9, 10, 9 }, { 9, 7, 9, 10 } };

| 9 | 8 | 9 | 10 |
|---|---|---|----|
| 10 | 9 | 10 | 9 |
| 9 | 7 | 9 | 10 |

## 배열을 이용하여 문자열 처리하기

컴퓨터 언어에서 문자와 문자열은 다르다. 즉, 문자는 한 글자를 의미한다. 'a', 1byte이다.

문자열은 "korea"처럼 1글자 이상은 문자들의 집합으로 " "(쌍따옴표) 안에 넣는다. 한 글자당 1byte씩 들어가며 마지막에는 문자열의 끝이라는 '\0' 널 포인트가 들어간다.

| k | o | r | e | a | \0 |
|---|---|---|---|---|----|

# Chapter 02

## 요술 상자 - 함수(Function)

 함수

수학에서 변수 x와 y 사이에 x의 값이 정해지면 이에 따라 y값이 정해지는 관계가 있을 때, y는 x의 함수라고 정의한다.

함수라는 말을 처음으로 사용한 사람은 G.W.F.라이프니츠였다. 함수라는 개념은 수학의 역사와 더불어 존재했다고 보아도 될 것이다. 또한 수학 학문을 기초로 한 컴퓨터 학문 프로그램 언어에서도 반복적인 작업을 함수로 정의하여 두고 그 작업을 수행할 때 해당 함수를 호출하여 프로그램을 하도록 만든다.

C언어의 모든 부분이 함수라고 할 수 있다. 함수는 제공해주는 함수와 사용자가 만들어 사용하는 함수로 나눌 수 있다.

함수를 사용하려면 3단계를 거쳐야 한다.

### 1단계 함수 선언

변수를 선언하듯이 사용할 함수를 main() 전에 선언해 주어야 한다.

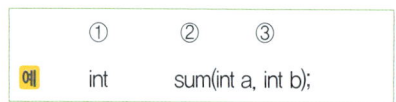

① return type으로 함수를 모두 처리하고 나서 return문으로 되돌아갈 때 자료의 형을 써주는 곳이다. return 해 줄 것이 없다면 void를 쓴다.

② sum은 함수명으로 C언어의 명령어는 쓸 수 없으면 변수를 선언하는 규칙과 같이 사용자 정의어이다.

③ (int a, int b)는 매개변수로 함수를 호출할 곳에서 보내 주는 자료를 받을 자료형과 변수를 지정하는 곳이다.

### 2단계 함수 정의

선언한 함수에 실제 프로그램을 작성하는 곳이다. sum함수가 숫자 2개를 받아서 덧셈을 해 주는 프로그램이라고 가정하면 실제 연산을 쓰는 곳이다. 실생활에서도 함수에 해당하는 것은 매우 많다. 예를 들어 열차의 운임은 거리(km 수)의 함수이다. 즉, 거리가 정해지면 그것에 대응하여 운임이 결정된다. 이와 비슷한 관계는 실로 헤아릴 수 없을 만큼 많다.

```
int sum(int a, int b) {
    int hap;                      ①
    hap = a + b;                  ②
    printf("합계 = %d", hap);      ③
}
```

선언문과 동일하게 함수를 쓰고 { } 블록 안에 ①, ②, ③과 같이 프로그램을 작성한다.

① 정수형 변수 hap을 선언한다.

② a와 b를 더해서 hap 변수 안에 넣는다.

③ hap을 출력한다.

**3단계** 함수 호출(실행)

다른 함수에서 실행하고자 하는 함수를 호출한다. 방법은 sum(10, 20);처럼 함수명 (매개변수의 값)으로 호출한다.

### 🔷 실습 예제

숫자 2개를 함수의 매개변수로 넣어서 덧셈을 하는 프로그램 작성하기

```
#include <stdio.h>
int sum(int a, int b); //함수 선언
int sum(int a, int b) { //함수 정의 ········· ②
    int hap;
    hap = a+b;
    return hap;
}

int main() {
    int result;
    result= sum(10, 20);  ············· ①
    printf("sum = %d\n", result);
}
```

· 처리 순서

함수 처리는 함수 호출에서부터 시작된다. ①에서 함수 호출이 일어나면 sum함수가 정의된 곳을 찾는다. ②의 10을 int a로, 20을 int b로 넣는다.

②의 부분을 차례대로 수행한 후 return hap; 문장에서 합계 30을 갖고 ①로 되돌아온다. 결과 30을 result에 넣는다.

## 실습 프로젝트 구구단 프로그램

출력하고 싶은 구구단을 입력하면 해당 구구단을 출력해 주는 프로그램이다.

### • 프로그램 처리 순서

알고 싶은 구구단을 입력한다. ➡ 구구단을 구한다(함수를 사용한다). ➡ 구한 구구단을 출력한다.

반복문을 사용해서 구구단을 더 알고 싶은지를 물어본다. ➡ 만약 계속 알고 싶은 구구단이 있다면 처음으로 되돌아간다.

```c
#include <stdio.h>
void gugu(int dan) {
    int i;
    for(i=1;i<=9;i++) {
        printf(" %d X %d = %d \n", dan, i, dan*i);
    }
}

int main() {
    int input;
    printf("알고 싶은 단을 입력하세요");
    scanf("%d", &input);
    gugu(input);
}
```

· **실행 결과**

```
알고 싶은 단을 입력하세요3
3 X 1 = 3
3 X 2 = 6
3 X 3 = 9
3 X 4 = 12
3 X 5 = 15
3 X 6 = 18
3 X 7 = 21
3 X 8 = 24
3 X 9 = 27
--------------------------------
Process exited after 10.14 seconds with return value 13
계속하려면 아무 키나 누르십시오 . . .
```

# Chapter 03

## 주소로 찾아가자 – 포인터(Pointer)

 포인터

### 1 포인터의 개요

- C언어의 가장 큰 특징이며 많은 장점을 제공한다.
- 포인터는 메모리의 주소에 직접 접근해 데이터를 입출력하는 막강한 기능이 있다.
- 고성능 데이터 처리가 가능하며 상대적으로 크기가 작은 실행 파일을 얻을 수 있다.
- 포인터는 일반 변수와는 달리 메모리의 주소를 저장하기 위한 변수를 의미한다.

### 2 포인터 연산자

포인터는 데이터가 아닌 데이터가 저장될 주소를 기록하는 8바이트(운영체제에 따라 다름) 자료형이다.

> & : 변수의 주소를 나타낸다.
> * : 포인터가 가리키는 자료의 값을 나타낸다.

## 포인터 변수의 사용

**포인터 변수 선언과 초기화** 포인터 변수를 선언할 때에는 ＊연산자를 사용한다. 이때 포인터도 자료형이 존재한다. 포인터의 자료형은 주소를 저장하고자 하는 변수의 자료형에 따라 맞게 선언되어야 한다.

**자료형 *포인터 변수명;** 기능 : 해당 자료형 변수의 주소를 저장할 수 있는 포인터 변수 선언이다. int ＊ip;

**포인터 변수명 = &변수;** 변수의 주소를 포인터 변수에 저장한다. ip = &i;

**＊ 연산자를 사용한 간접 접근** 포인터 변수 앞에 ＊ 연산자를 붙이게 되면 '포인터가 가리키는 곳의 값을 참조하겠다'라는 뜻이 된다. 포인터를 이용한 접근 방식을 간접 접근이라고 한다. 이와 같은 접근이 가능하려면 포인터에 타입이 존재해야 한다.

### 실습

포인터 변수를 선언한 후 초깃값을 할당하여 각 포인터에 저장된 값을 출력하는 프로그램이다( //는 C언어에서 설명문이므로 코딩할 때는 입력하지 않아도 된다).

```
int a=20;
char b='S';
double c=2.1;
//포인터 변수 선언과 초깃값을 할당한다.
int *intp = &a;
// *intp는 left에 오면 공간, *intp가 오른쪽에 오면 값을 의미한다.
```

```
char *charp = &b;
double *doubleep = &c;
// 각 포인터에 저장된 값을 출력한다.
printf("a=%p\n", intp); //주소인쇄
printf("b=%p\n", charp);
printf("c=%p\n", doubleep);
//각 포인터가 가리키는 값은 출력한다.
printf("*intp = %d\n", *intp);
printf("*charp = %c\n", *charp);
printf("*doubleep = %d\n", *doubleep);
}
```

## 배열과 포인터의 관계

```
int array[10]={10,20,30,40,50,60,70,80,90,100};
printf("%d, %d \n ", array[0], array[1]);
printf("%d, %d \n ", &array[0], &array[1]);
printf("%d, %d \n ", array);
```

### 1 포인터의 종류

**배열 포인터** 다차원 배열을 처리하기 위한 배열 포인터

**포인터 배열** 포인터들이 모여 있는 포인터 배열

**포인터의 포인터** 포인터 변수를 처리하기 위한 포인터

**함수 포인터** 함수를 처리하는 포인터

## 2 배열 포인터

형식 배열요소형(*포인터 변수)[배열의 크기];

```
int a[2][4] = {{10,15,20,0}, {30,25,40,0}};
int (*pa)[4];/*포인터 pa는 배열를 가리킨다는 표시로 [4]를 쓰고 pa를 가리키는 주소의 자료
는 int형이라는 의미 */
pa=a;
for(i=0; i<2; i++)
    for(j=0; j<3; j++) pa[i][3] += pa[i][j];
for(i=0; i<2 ; i++) {
    for(j=0; j<4; j++) printf("%d", a[i][j]);
        printf(" \n");
    }
}
```

## 3 포인터 배열

C언어는 배열을 구성하는 배열요소의 자료형에 제한이 없다. int나 char과 같은 기본 자료형뿐만 아니라 배열도 배열요소로 사용할 수 있다. 포인터 배열은 배열요소가 포인터인 배열이다.

자료형 *배열이름[배열크기];

예 char *str[3] = {"car", "fruit", "classroom"}

포인터 배열은 서로 다른 길이의 문자열을 처리할 때 주로 사용한다.

예 char mon[3][10] ={ {"January", "February", "March"}}
　　char *mon2[3] ={ {"January", "February", "March"}}

| J | a | n | u | a | r | y |   |   |   |
| F | e | b | r | u | a | r | y |   |   |
| M | a | r | c | h |   |   |   |   |   |

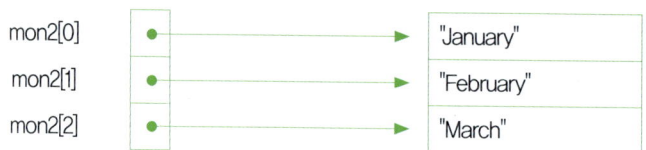

배열로 사용하면 남는 공간이 많이 발생하는데 포인터로 하면 공간(메모리)의 낭비가 적다.

## 매개변수 전달 방법

### 1 값에 의한 호출(Call by value)

함수를 호출할 때 실 매개변수의 값을 형식 매개변수에 전달하는 방법이다. 즉, 실 매개변수가 갖고 있는 값만 형식 매개변수에 전달한다. 이를 위해 형식 매개변수는 실 매개변수의 값을 저장하기 위한 별도의 기억 공간이 필요하다.

### 2 참조에 의한 호출(Call by reference)

실 매개변수와 형식 매개변수가 동일한 기억 공간을 사용하는 방법이다. 여기서 참조(Reference)란, 변수의 이름은 다르지만 같은 기억 공간을 공유하는 것을 뜻한다. 그렇기 때문에 실 매개변수와 형식 매개변수는 같은 변수로 취급되고, 형식 매개변수의 값이 변경되면 실 매개변수도 변경된다.

C언어에서 포인터를 사용하는 방법과 참조에 의한 호출(Call by reference)을 비교하

면 '참조에 의한 호출'은 앞서 말했듯이 실 매개변수와 형식 매개변수가 동일한 기억 공간을 사용하는 방법으로 형식 매개변수의 값이 변경되면 실 매개변수도 함께 바뀐다. 하지만 C언어는 실 매개변수의 값을 형식 매개변수에 전달하는 방법을 사용하기 때문에 참조에 의한 호출 방식을 사용할 수 없다. 다만 포인터를 사용해서 실 매개변수의 주소를 전달하여 '참조에 의한 호출' 방법의 효과를 낼 수 있다.

### 💎 실습 예제 함수에서 포인터를 사용하는 경우

```
#include <stdio.h>
void swap(int *x, int *y); //함수 선언
void main()
{
int a=5, b=10;
printf("swap 함수 호출 이전 : a=%d, b=%d \n",a,b);
swap(&a, &b);
//함수 호출을 하면 함수 정의한 곳으로 이동한다. &a는 a변수의 주소, &b는 변수의 주소를 전달한다.
printf("swap 함수 호출 이후 : a=%d, b=%d \n", a, b);
}
void swap(int *x, int *y) //함수 정의한다.
{ int temp;
   temp=*x;
   *x=*y;
   *y=temp;
}
```

### 💎 실습 문제

1. 1부터 100까지의 합을 반환하는 함수를 사용해서 합을 구하는 프로그램

```
#include <stdio.h>
```

```c
int sum();//함수선언

void main(void) {
    int hap;
    hap = sum();//함수 호출
    printf("1~100의 합 : %d \n", hap); }
//함수 정의
int sum() {
    int i, hap = 0;
    for(i = 1; i <= 100; i++)
    hap += i;
    return hap; //함수 호출한 곳으로 hap의 값을 가지고 돌아감
    }
```

2. 키보드로 입력받은 삼각형의 밑변과 높이를 매개변수로 전달하고, 이를 이용해서 삼각형의 넓이를 계산하는 프로그램

```c
#include <stdio.h>

float tri(int, int);//함수 선언

void main(void) {
    int base, height;
    float area;
    printf("삼각형의 밑변과 높이를 입력 : ");
    scanf("%d%d", &base, &height);//키보드로부터 밑변과 높이를 입력받는다.

    area = tri(base, height);//함수 호출
    printf("삼각형의 넓이 : %.2f \n", area); }

float tri(int base, int height) {//함수 정의
return ((base*height)/2.0); }
```

**3.** 나머지를 계산하는 함수를 작성한다. 이 함수는 제수와 피제수를 매개변수로 갖고, 그 결과를 반환한다.

```c
#include <stdio.h>
    int remainder(int, int);//함수선언
void main(void) {
    int divisor, dividend;
    printf("피제수와 제수를 입력 : ");
    scanf("%d%d", &dividend, &divisor); //키보드로 입력을 받는다.
    printf("%d %% %d = %d \n", dividend, divisor, remainder(dividend, divisor)); } //함수 호출

int remainder(int dividend, int divisor) { //함수 정의
    return (dividend % divisor); }
```

**4.** 1부터 100 사이에서 3의 배수를 제외한 수의 합을 출력하는 함수를 작성하시오 (이 함수는 매개변수와 반환값이 없다).

```c
#include <stdio.h>
    void sum(void);//함수 선언
void main(void) {
    sum();//함수 호출하면 함수 정의한 곳을 분기한다.
}

void sum(void)
{
int i, hap = 0;

for(i = 1; i <= 100; i++)
if(i % 3 != 0)
hap += i;

printf("1~100에서 3의 배수를 제외한 합 : %d \n", hap);
}
```

**5.** 국어, 영어, 수학 점수를 매개변수로 받아서 평균을 반환하는 함수를 작성하시오.

```c
#include <stdio.h>

float average(int kor, int eng, int math);

void main(void)
{
int kor, eng, math;
float avg;

printf("국어, 영어, 수학 점수를 입력 : ");
scanf("%d%d%d", &kor, &eng, &math);

avg = average(kor, eng, math);
printf("평균 : %.2f \n", avg);

}

float average(int kor, int eng, int math)
{
return (kor + eng + math) / 3.0;
}
```

# Chapter 04
## 우리 집 화장실과 공중 화장실
### - 지역변수와 전역변수

### 1 지역변수와 전역변수

우리집 화장실은 우리집에서만 사용한다. 이것을 지역변수라고 생각하면 된다. 공중화장실은 여러 명이 사용한다. 이것을 여러 함수에서 공통으로 사용할 수 있는 전역변수라고 생각하면 된다.

변수의 위치에 따라서 사용할 수 있는 범위가 정해진다. 현재의 함수 내부에서만 정의되고 그곳에서만 사용되는 변수를 지역변수라고 한다. 함수 밖에서 정의되고 변수 선언한 아래의 모든 함수에서 다 사용할 수 있는 넓은 범위의 변수를 전역변수라 한다.

| 지역변수의 구조<br>지역변수는 특정 범위 내에서 통용되는 변수 | 전역변수의 구조<br>전역변수는 함수 밖이나 외부 파일에서 선언되어 프로그램 전체에 걸쳐 사용될 수 있는 변수 |
| --- | --- |
| 함수1<br>  int a;//지역변수<br>a를 사용할 수 있다. | int a;//전역변수<br>함수1<br>  a변수를 사용할 수 있다. |
| 함수2<br>  함수1에 있는 a를 사용할 수 없다. | 함수2<br>  a변수를 사용할 수 있다. |

### 📦 프로그램 예

```c
#include <stdio.h>
  int a=10; //전역변수
  void 함수1() {
     int b=20; //지역변수
     printf("%d %d \n", a, b);
}
  int main(){
     함수1();
     printf("%d \n, a);
}
```

## 2 변수 종류별 사용 범위

**정적 변수** 선언된 블록 외에서도 값이 보존되는 변수

**자동 변수** 선언된 블록 내에서만 통용되는 변수

**외부 변수** 다른 파일로부터 호출이 가능한 변수

**레지스터 변수** 사용빈도가 높은 변수에 이용하면 레지스터 안에 정의하는 변수. 그러나 레지스터 할당이 힘들면 일반변수처럼 정의됨

### (1) 정적 변수 – static으로 선언된 변수

```
예제 1)
void function1()
{ int a=0;
  printf("%d", ++a); }
void function2()
{ static int a=0; printf("%d", ++a); }

void main() {int i; for(i=0; i<10 ; I++) function1();
printf(" \n");
```

```
for(i=0; i<10; I++) function2(); printf("\n"); }

예제 2)
// 정적 변수 선언 후 처리하는 프로그램
static int x=7;
void sub();
main() {
    printf("main = %d \n", x);
    sub();
    printf("main = %d \n", x);
}
void sub() {
    ++x;
printf("sub=%d \n", x);
    ++x;
}
```

## (2) 외부 변수 - extern 변수 선언;

- 외부 변수는 함수 밖에서 정의하고, 모든 프로그램에서 정의된 변수를 사용할 수 있다.
- 기억장소는 주기억장치이며 프로그램의 실행이 종료될 때까지 기억장소가 유지된다.
- 외부 변수의 초기화는 컴파일 시에 한 번만 이루어지는데 초깃값은 외부 변수를 정의할 때 주어져야 한다.
- 만약 초깃값이 주어지지 않을 경우 정적 변수처럼 변수의 자료형에 따라 정해진 값으로 초기화된다.

```
int x
void sub1();
void sub2();
```

```
void sub3();
void sub4();

void main() {
    x=12;
    sub1();
    sub2();
    sub3();
    sub4();
}
  void sub1() { ++x; printf("sub1= %d", x);
void sub2() { ++x; printf("sub2= %d", x);
void sub3() { extern int x; ++x; printf("sub3= %d", x);
void sub4() { int x=34; ++x; printf("sub4= %d", x);
```

## 3 선행처리기

선행처리기는 컴파일에 앞서 미리 처리되는 처리기를 말한다.

### (1) #include 〈파일명〉

그 위치에 다른 원시 파일을 포함시키기 위해 사용하므로 파일 포함

### (2) #define 〈매크로명〉

- 매크로 정의
- 컴파일에 앞서 미리 정의되어 있는 자료로 단순 치환하는 것
- 매크로 상수 단수 치환에 이용

```
#define PI 3.1415
source program -> macro expansion -> compile
```

- 매크로명은 보통 대문자로 한다.
- 같은 상수를 여러 번 쓸 경우 유용하다.
- 상수식은 괄호로 묶는 것이 좋다.

| 예 1 #define P(3+5)<br>P*2 → (3+5) *2 → 16 | 예 2 #define P 3+5<br>P*2 → 3+5*2 → 13 |

- 인수를 갖는 치환에 이용

```
#define INC(x) (x+1)
void main() {
   int a=123;
   printf("%d \n", a);
   printf("%d \n", INC(a+1));
}
```

- 매크로 함수에 이용

매크로 함수는 자료형에 독립적이며 함수 호출 시 발생하는 오버헤드가 발생하지 않아 실행속도가 향상된다. 하지만 함수 호출 문장이 매크로 함수 몸체 부분으로 완전히 치환되기 때문에 코드의 크기는 커질 수밖에 없다.

따라서 매크로 함수는 함수의 크기가 작은 경우에만 사용하는 것이 좋다.

— 형식 #define 매크로명(인수) 치환될 자료    `#define HAP(a, b) a+b`

### 예제

```
#define MUL(x) x*x;
    void main() {
       int number;
       scanf("%d", &number);
       printf("\n%d의 제곱은 %d입니다\n", number, MUL(number));
    }
```

# Chapter 05

## 햄버거 세트 - 구조체

 **구조체란 무엇인가**

우리가 햄버거를 먹을 때 버거만 먹으면 목이 마르기 때문에 음료수를 먹어야 한다. 그래서 따로 단품을 시키는 경우가 빈번하니 햄버거와 콜라, 감자튀김을 한 번에 묶어서 버거 세트로 파는 것이다. 이처럼 프로젝트를 작업할 때 정수형 변수 1개에 문자형 변수 2개, 배열 1개 등이 꼭 같이 필요한 경우가 있다. 마치 버거의 세트처럼 C언어에서 변수나 배열을 묶어서 만든 구조를 구조체라 할 수 있다.

C/C++언어는 기본 데이터형을 최소화하기 위해서 많이 사용하는 형식의 데이터형만을 기본 데이터형으로 정의하고 나머지는 프로그래머가 데이터형을 정의해서 사용할 수 있도록 만든다. 그래서 기본 데이터형으로 char, int, float, double을 제공하고 나머지 형식은 프로그래머가 배열, 포인터, typedef, 구조체, 공용체 같은 문법을 가지고 직접 정의해서 사용하면 된다.

- 구조체는 서로 다른 자료형의 집합이다.
- 구조체를 사용하면 연관성 있는 데이터들을 묶어서 표현할 수 있어 편리하다.
- 구조체는 레코드와 같은 형태를 표현하기에 적합하다.

## 구조체의 특징

### 1 장점

서로 연관된 데이터들을 묶어서 하나의 단위로 취급할 수 있다.

### 2 특징

- 태그는 구조체 형틀을 대표하는 구조체 형틀 이름이다.
- 구조체 태그는 중복될 수 없다.
- 구조체 멤버들은 기억 클래스를 기술하지 않는다.
- 구조체 형틀 자체는 어떤 변수나 배열 등을 실제로 메모리에 만드는 것이 아니라 다만 구조체를 설계하는 지침만 컴파일러에게 알려준다.
- 구조체 변수의 기억클래스는 구조체 형틀이 선언되어 있는 위치하고는 전혀 관계가 없다.

## 구조체 사용 방법

**1단계 구조체 선언하기** ➡ **2단계 구조체 변수 만들기** ➡ **3단계 구조체 사용하기**

### 1단계 구조체 선언하기

구조체를 선언할 때에는 다음과 같은 형식을 사용한다. 이렇게 선언된 구조체명이 새로 만들어진 데이터형의 이름이 된다. 즉, int char와 같은 역할을 하게 된다.

| 구조체 선언하기 형식 | 구조체 선언하기 사용 예 |
| --- | --- |
| struct 구조체명 {<br>　　데이터형 변수명;<br>　　...<br>}; | struct student {<br>　　int number;<br>　　char name[20];<br>　　int kor;<br>　　int eng;<br>　　int mat;<br>}; |

### 2단계 구조체 변수 만들기

선언된 구조체를 사용하기 위해서는 구조체 안의 변수나 배열의 멤버들을 메모리 공간에 올려야 하는데 올려주면서 접근할 수 있는 변수를 선언해 주는 것을 말한다.

| 구조체 변수 만들기 | |
|---|---|
| 구조체 변수 만들기 형식 | 구조체 변수 만들기 사용 예 |
| struct 구조체명 구조체 변수명; | struct student st; |

### 3단계 구조체 사용하기

구조체를 메모리에 올렸으면 이제 자료를 넣거나 연산에 이용하거나 여태까지 변수의 사용 용도와 동일하게 사용하면 된다. 구조체 안에 들어 있는 변수나 배열의 접근 방식은 '구조체 변수.멤버'로 접근한다. 여기서 말하는 멤버라는 것은 구조체에서 선언한 변수나 배열 등을 이야기한다.

| 구조체 사용하기 형식 | 구조체 사용하기 사용 예 |
|---|---|
| 구조체 변수명.구조체 안에 있는 멤버들 | st.number, st.kor, st.eng, st.mat |

#### ◆ 실습하기 구조체를 이용하여 만든 성적 프로그램

```
//1단계 구조체 선언하기
struct student {
        int number;
        char name[20];
        int kor;
        int eng;
        int mat;
};

//2단계 구조체 변수 만들기 student 구조체 변수 s1을 만든다. 메모리에 구조체 멤버들을 올린다.
```

```
struct student s1;
 int tot;
 float avg;
 printf("이름을 입력하세요");
 scanf("%s ", s1.name);//3단계 구조체 멤버 사용하기
 scanf("%d%d%d", &s1.kor, &s1.eng, &s1.mat)
 printf("%d", s1.kor);
 printf("%d", s1.eng);
 printf("%d", s1.mat);
tot = s1.kor + s1.eng + s1.mat;
avg = tot/3.0;
printf("총점 = %d", tot);
printf("평균 = %f", avg);
```

## 구조체 초기화하기

### 1 구조체 변수의 초기화

- 구조체 변수를 만들면서 멤버들의 값을 넣는 것을 말한다.
- 형식 사용은 struct 구조체 변수 = {멤버들에 들어갈 값들을 ,로 나열한다};
- 사용 **예** struct s1={2, "홍길동", 100, 70, 80};

### 실습 예제

```
struct goto_xy { //1단계 구조체 선언하기
   int x, y;
}
struct goto_xy wx={1,2}; // 구조체 변수 만들기와 초기화
struct study{
     char name[20];
     int kor;
     int eng;
};
```

## 🟦 실습하기

회원관리 프로젝트를 만들어 보자. 구조체로 이름과 전화번호, 나이를 선언하고 출력하는 프로그램이다.

```c
struct person {
    char name[20];
    char phone[15];
    int age; };

int main(int argc, char *argv[]) {
    struct person ps1={"Hong", "010-123-1234", 35};
    struct person ps2={"Lee", "010-234-2345", 23};
    printf("%20s %6s %6s \n", "이름", "성별", "나이");
    printf("%20s %6c %6d \n",ps1.name, ps1.phone, ps1.age);
    printf("%20s %6c %6d \n",ps2.name, ps2.phone, ps2.age);
}
```

## 🧩 구조체 배열

- 구조체 변수도 일반 변수처럼 배열로 만든 것이다.
- 일반 배열로 선언하여 사용하는 것과 구조체 배열로 선언한 것을 비교한다.
- 일반 배열로 각각의 배열로 선언해서 사용해야 한다.

| char[10] | char[10] | char[10] |
|----------|----------|----------|
| name[0]  | name[1]  | name[2]  |

| int    | int    | int    |
|--------|--------|--------|
| kor[0] | kor[1] | kor[2] |

| int    | int    | int    |
|--------|--------|--------|
| eng[0] | eng[1] | eng[2] |

| double | double | double |
|--------|--------|--------|
| avg[0] | avg[1] | avg[2] |

• 구조체 배열로 선언한 경우

| char[10] | int | int | double | char[10] | int | int | double | char[10] | int | int | double |
|---|---|---|---|---|---|---|---|---|---|---|---|
| name | kor | eng | avg | name | kor | eng | avg | name | kor | eng | avg |
| s[0] | | | | s[1] | | | | s[2] | | | |

s[0]의 멤버 name은 s[0].name으로 사용한다. s[1]의 kor은 s[1].kor로 사용한다.

## 실습 예제

구조체 배열을 이용한 상품, 가격, 수량을 입력받아서 처리하여 출력하는 프로그램

```
struct goods {
   char name[20];
   int price;
   int su;
   int tot;
};

int main(int argc, char *argv[]) {
 struct goods g[3];
 int i;
 for(i=0;i<3;i++){
      printf("상품명 가격, 수량을 입력하세요 :");
      scanf("%s%d%d",g[i].name,&g[i].price,&g[i].su);
}
for(i=0;i<3;i++){
      g[i].tot = g[i].price + g[i].su;
}
for(i=0;i<3;i++){
      printf("%20s %6d %6d %6d \n", g[i].name, g[i].price, g[i].su, g[i].tot);
}
```

## 구조체 포인터

구조체를 가리키는 포인터이다.

### 1 구조체 배열이란?

일반 포인터 변수가 주소값을 가지듯이 구조체 포인터 변수도 구조체의 주소값을 가진 것을 말한다.

구조체 포인터 변수의 멤버 변수에 실제값을 사용하려면 '->' 가리키다 연산자를 사용한다.

(*포인터 변수).멤버 == 포인터 변수->멤버

### 실습 예제

```
struct goods {
   char name[20];
   int price;
   int su;
};

int main(int argc, char *argv[]) {
 struct goods g={"볼펜", 250, 10};
 struct goods *pg;
pg=&g;
    printf("%s %d %d %d \n",g.name, g.price, g.su, g.price*g.su);
```

```
    printf("%s %d %d %d \n",g.name, (*pg).price, (*pg).su, (*pg).price* (*pg).su);
    printf("%s %d %d %d \n",pg->name, pg->price, pg->su, pg->price*pg->su);
}
```

## 📑 실습 예제 설명

```
struct goods { // 1단계 구조체 선언
    char name[20];
    int price;
    int su;
};

int main(int argc, char *argv[]) {
    struct goods g={"볼펜", 250, 10}; /* 2단계 구조체 변수 선언 및 초깃값 할당
    name변수에 "볼펜", price에 250이 su에 10(십)이 초깃값으로 들어간다. */
    struct goods *pg; // 구조체를 가리키는 포인터 변수 pg를 선언한다.
    pg=&g; // 구조체 변수의 주소를 pg포인터 변수에 넣어준다.
    printf("%s %d %d %d \n",g.name, g.price, g.su, g.price*g.su);
    //일반 구조체 변수를 이용하여 구조체 멤버에 접근하는 것 구조체변수.멤버 g.name
        printf("%s %d %d %d \n",g.name, (*pg).price, (*pg).su, (*pg).price* (*pg).su);
    /*구조체 포인터가 가리키는 값의 멤버라는 의미로 멤버에 접근하려면 (*pg).name으로
    사용한다. */
    printf("%s %d %d %d \n",pg->name, pg->price, pg->su, pg->price*pg->su);
    //위 줄의 (*pg).name을 pg->name으로 고쳐 써도 된다.
}
```

# Chapter 06

## 필요할 때 메모리에 올려서 사용하자 – 동적 메모리

### 🧩 동적 메모리 할당(malloc함수)

C나 C++에만 있는 기능으로 C를 강하게 만드는 기능이다. 소프트웨어를 사용하려면 반드시 필요한 프로그램을 메모리에 올려서 사용해야 한다. 이것을 담당하는 것은 운영체제(Windows)가 한다. 메모리를 미리 잡아두고 프로그램을 작성하는 것은 정적 할당이라고 하고, 사용하기 바로 직전에 메모리를 잡아서 사용하는 것을 동적 할당이라고 한다. 여태까지 사용했던 방법은 모두 정적 할당이라 한다. 정적 할당의 단점은 실제 데이터가 무엇이 들어오는지 모르기 때문에 실제 자료보다 큰 자료를 잡아둔다는 점이다.

하지만 동적 할당은 실제 메모리에 올릴 자료가 무엇인지 알기 때문에 자료의 크기만큼만 메모리를 할당하여도 되므로 메모리를 낭비하지 않는다는 장점이 있다.

malloc, realloc, calloc 함수를 사용한 할당은 동적 할당이라 한다.

## 1 malloc함수의 구조

> 포인터 변수 = (포인터 변수의 데이터형*) malloc(포인터 변수와 데이터형 크기 * 필요한 크기)

**예** p = (int *) malloc(sizeof(int) * 3);

malloc함수로 잡은 메모리를 더 이상 사용하지 않을 때는 free함수로 메모리를 반환한다.

## 2 realloc함수의 구조

malloc함수로 잡은 메모리를 변경하고자 할 때 malloc함수와 같이 사용할 수 있는 함수이다.

> 포인터 변수 = (포인터 변수의 데이터형*) realloc(기본 포인터, 포인터 변수와 데이터형 크기 * 필요한 크기)

**예** p = (int *) realloc(p, sizeof(int) * 3);

malloc으로 잡은 메모리 뒤로 3개만큼 뒤로 추가 할당된다.

다음은 malloc으로 배열크기를 5로 할당하여 숫자를 채우고, realloc으로 배열 크기를 10으로 늘려서 숫자를 추가하는 예제이다.

```c
#include <stdio.h>
#include <stdlib.h>
#include <malloc.h>

void main()
{
    int *p, size, i;
```

```
    size = 5;
    p = (int *)malloc(size*sizeof(int)); // 메모리 할당
    for(i=0; i<size; ++i) ar[i]=i;
    for(i=0; i<size; ++i) printf("%d",ar[i]);
    printf("\n");

    size = 10;
    p = (int *)realloc(p, size*sizeof(int));
    for(i=5; i<size; ++i) ar[i]=i;
    for(i=0; i<size; ++i) printf("%d",i);
    printf("\n");

    free(ar); // 할당한 메모리 해제
}
```

# Part 8

## 나도 진짜 코딩 박사 – 고급

CODE

Chapter ❶ 무엇을 찾아 드릴까요?(검색)

Chapter ❷ 관리 프로젝트

# Chapter 01

## 무엇을 찾아 드릴까요?(검색)

### 1 숫자 찾기

· 프로젝트 설명

　데이터 저장소(배열) 안에 숫자를 넣어 두고 키보드에서 숫자를 입력하여 데이터 저장소에 있는 숫자가 몇 번째에 있는지를 검색해서 알려 주는 검색 프로젝트다.

```c
#include <stdio.h>
#include <stdlib.h>

int search(int num_data[], int num, int num_cnt );

int main(int argc, char *argv[]) {
    int num_data[10] = {50,80,20,10,60,70,32,87,98,100};
    int num, index;
    char yes;
    do{
        printf("찾는 숫자는?");
        scanf("%d", &num);
        index = search(num_data, num, 10); //함수 호출
        if(index)
```

```
            printf("%d는 %d번째에 존재한다. \n\n", num, index);
        else
            printf("%d는 존재하지 않는다. \n\n", num);
        printf("계속 검색하시겠습니까? (y/n) ");
        fflush(stdin);
        yes=getchar();
    } while(yes != 'N' && yes!= 'n');
    return 0;
}
//함수 정의
int search(int num_data[], int num, int num_cnt ){
        int i;
        for(i=0; i<num_cnt; i++)
          { if(num_data[i] == num)
              return i+1; }
        return NULL;
}
```

프로그램(코드) 설명
//헤더 파일을 정의한다.
#include <stdio.h>
#include <stdlib.h>

//search함수를 선언한다.
//num_data 배열에 데이터 저장소에 넣어둔다.
// int num은 찾고 싶은 숫자를 키보드로 입력받는다.
// int num_cnt는 찾고 싶은 숫자가 데이터 저장소에서 몇 번째에 있는지를 구하는 변수
int search(int num_data[], int num, int num_cnt );

```
int main(int argc, char *argv[]) {
  int num_data[10] = {50,80,20,10,60,70,32,87,98,100};//데이터 저장소
  int num, index;
  char yes;
  do{
        printf("찾는 숫자는?");
        scanf("%d", &num);
```

```
            index = search(num_data, num, 10); //함수 호출하고 숫자를 찾았으면 몇 번째인지를 되
돌려 받는다. 만약에 숫자를 찾지 못하면 NULL(공백)을 되돌려 받는다.
            if(index) //만약에 숫자가 입력되면 참, NULL 입력되면 거짓으로 판단한다.
                printf("%d는 %d번째에 존재한다. \n\n ", num, index);
            else
                printf("%d는 존재하지 않는다. \n\n", num);
            printf("계속 검색하시겠습니까? (y/n) ");
            fflush(stdin); //fflush는 버퍼에 있는 것을 출력하는 함수이고 stdin은 키보드로 입력한 자
료란 뜻이다. 즉, 키보드에 입력한 자료 버퍼에 있는 것을 출력하라는 의미이다.
            yes=getchar();//계속할 검색을 할지를 물어보는 것으로 'y'나 'n'을 입력한 한 개의 문자를
입력받아서 yes변수에 넣는다.
    } while(yes != 'N' && yes!= 'n'); //yes변수가 대문자 N과 같지 않거나 소문자 n과 같지 않으면
참이므로 반복하고 do로 올라간다.
    return 0;
}
//함수 정의 숫자를 검색하기 위한 서브함수
int search(int num_data[], int num, int num_cnt ){
        int i;
        for(i=0; i<num_cnt; i++)
//데이터 저장소(num_data)에 있는 자료에서 찾고 싶은 숫자(num)를 찾기 위해서 데이터 저장소
의 크기만큼
//(배열의 크기 10을 num_cnt변수) 반복한다.
    { if(num_data[i] == num) //만약에 데이터 저장소(num_data[i]) 값과 찾을 숫자값(num)이 같다면
// I+1을 리턴하고 그렇지 않다면 다시 i를 증가시켜 데이터의 저장소의 다음 요소와 num을 비교한
다.
                return i+1; } //위의 if조건이 참이면 I+1을 반환한다. 왜 I가 아니라 i+1일까? 배열
의 요소 첨자는 0부터 시작한다. 0번째 요소의 값을 0번째로 출력하는 것이 아니라 1번째로 출력
해야 하므로 I+1의 값으로 반환해야 한다.
        return NULL; //만약 if문이 거짓이면 널문자(공백)를 반환한다.
}
```

· 실행 결과

```
찾는 숫자는? 80
80는 2번째에 존재한다

계속 검색 하시겠습니까? <y/n> y
찾는 숫자는? 70
70는 6번째에 존재한다

계속 검색 하시겠습니까? <y/n> n
--------------------------------
Process exited after 16.04 seconds with return value 0
계속하려면 아무 키나 누르십시오 . . .
```

### 2 회원 명단 확인하기

 회원 명단을 데이터 저장소(배열)에 넣어 두고 키보드로 입력한 회원명을 데이터 저장소와 비교하여 명단을 확인하는 프로젝트다.

 여기서 데이터 저장소는 배열이지만 실제로는 파일이 될 수도 있고, 서버와 연결된 데이터베이스도 될 수 있다.

```c
#include <stdio.h>
#include <stdlib.h>
#include <string.h>
#include <conio.h>
void main(int argc, char *argv[]) {
    char *name[4] = {"park in sun", "jung hyun hee", "lee mum hee", "hong gil dong"};
    char str[20];
    int i;
    printf("찾으려는 분의 이름을 입력하세요? ");
    fflush(stdin);
    gets(str);
    for(i=0;i<4; i++) {
        if(strcmp(str, name[i])==0) //s1>s2이면 양수값, s1 == s2이면 0값 리턴 s1<s2이면 음수값을 리턴한다.
        {
```

```
            printf("찾으시는 분 %s은 계십니다. \n", name[i]);
            break;
        }
    }
    if(i==4){
        printf("%s분은 안 계십니다. \n", str);
    }
}
```

· 실행 결과

```
검색할 이름을 입력하세요? jung hyun hee
검색한 이름은 jung hyun hee입니다.

Process exited after 14.35 seconds with return value 36
계속하려면 아무 키나 누르십시오 . . .
```

# Chapter 02
## 관리 프로젝트

### 관리 프로젝트 개요 및 이용 분야

주소록 관리 프로그램은 파일 안에 자료를 입력하고 저장된 자료 검색하기, 수정하기, 삭제하기, 전체 리스트를 보여 주는 프로그램이다.

요즘 모든 회사, 상업, 도서관 등에서 컴퓨터를 통하여 업무를 한다. 도서관에 가서 책을 빌릴 때도 빌리는 책을 입력하고 찾고 싶은 책의 목록을 검색하기 등의 프로그램이 필요하다. 또, 안경점에 가서 안경을 맞출 때도 고객으로 등록하려면 이름과 전화번호, 시력을 입력하고 나중에 안경점에 가서 안경을 다시 맞출 때 고객번호를 입력하면 고객의 정보를 볼 수 있다.

이렇듯 많은 분야에서 관리 프로젝트를 기본으로 각자 업무에 맞게끔 프로그램을 작성하는 것이다.

## 프로젝트 기본 구성 스토리보드 만들기

### 1 화면 구성

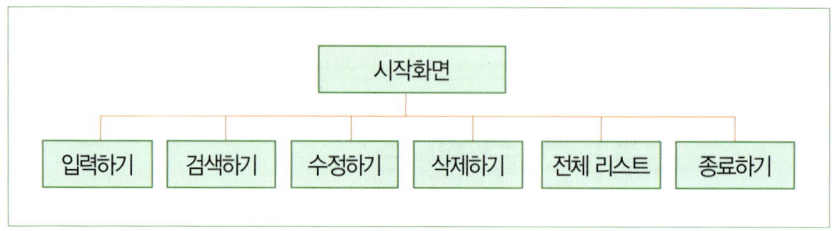

프로그램을 코딩하기 전에 화면을 어떻게 구성할지 스토리보드나 마인드맵 등으로 구성해 본다.

### 2 데이터 설계

데이터를 어떻게 만들지를 설계하는 단계이다. 이 프로젝트에서는 간단히 구조체에 설계를 하지만 실제 업무 프로그램에서는 데이터베이스인 오라클이나 My-SQL, MS-SQL문 등을 이용하여 설계를 하고 네트워크로 연결하여서 데이터를 저장하는 방식을 사용한다.

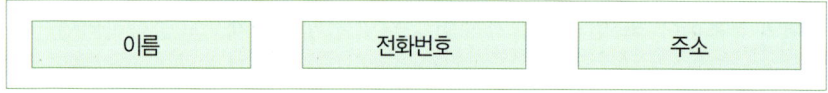

### 3 세부 설계

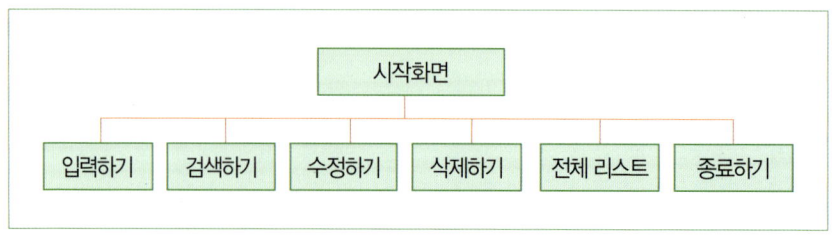

**① 시작화면** 시작하면 자료가 먼저 있어야 하므로 입력하기 화면으로 먼저 분기하여 1개의 주소를 먼저 입력하도록 한다. 이후 구조체 크기, 데이터 개수, 전체 메뉴를 나타내어 어떤 작업을 할 것인지를 선택하도록 한다.

**② 입력하기** 구조체로 만든 멤버 안에 이름, 전화번호, 주소를 입력한다. 만약 입력하기 화면에서 데이터를 입력하지 않고 저장하려고 한다면 '입력되지 않아서 저장하지 않는다'라는 메시지를 띄운다.

주소록 파일이 없으면 새로 만들고 기존의 파일이 있으면 추가한다.

**③ 검색하기** 해당 번호(레코드)를 입력해서 검색한다. 데이터가 없는데 검색하기 명령을 하면 '데이터가 없다(underflow)'는 오류가 발생한다. 주소록의 레코드 개수보다 큰 수를 입력했으면 다시 입력하도록 한다.

**④ 수정하기** 수정하려는 레코드의 번호를 입력한다. 해당 레코드가 주소록 파일에 없으면 오류 메시지를 화면에 출력한다. 수정하려는 레코드 번호가 있으면 입력화면의 함수로 분기하여 재입력을 받는다.

**⑤ 삭제하기** 삭제하려는 레코드의 번호를 입력한다. 해당 레코드가 주소록 파일에 없으면 오류 메시지를 화면에 출력한다. 삭제하려는 레코드가 여러 개인 경우 삭제하지 않은 레코드(1명의 자료)를 다시 새로운 파일에 써준다. 그리고 삭제하는 레코드는 새로운 파일에 쓰는 부분을 건너뛴다. 그러면 새로운 파일에 쓰여지지 못하므로 결국은 삭제되는 것이다.

만약 삭제하려는 레코드가 1개밖에 없다면 파일 전체를 삭제해야 하므로 모든 파일을 삭제할지 여부를 묻는다. 'y'를 입력하면 모두 삭제하고 'n'을 입력하면 삭제를 취소할 수 있도록 한다.

| 원본 주소 파일 | 삭제하기<br>(홍길동레코드를 지울 경우) | 새로운 주소 파일 |
|---|---|---|
| 정현희 010-123-1234 서울<br>홍길동 010-234-2345 부산<br>이순신 010-345-3456 인천 | ① '정현희'레코드를 읽어서 지울 레코드가 아니므로 새로운 주소 파일에 저장한다.<br>●―――――▶<br>(새로운 파일에 쓴다)<br><br>② '홍길동'레코드를 읽어서 지울 레코드이므로 다음 레코드를 읽으러 넘어간다.<br><br>③ '이순신'레코드를 읽어서 지울 레코드가 아니므로 새로운 주소 파일에 저장한다.<br>●―――――▶<br>(새로운 파일에 쓴다) | 정현희 010-123-1234 서울<br>이순신 010-345-3456 인천 |

⑥ **전체 리스트** 주소록 파일의 모든 레코드를 반복문을 이용하여 모두 출력한다.

⑦ **종료하기** 프로젝트를 종료한다. main() 함수에서 break 한다.

· **프로그램 실행 결과**

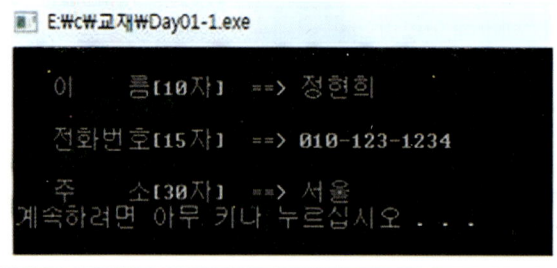

처음으로 실행시키면 자료를 입력할 수 있도록 나온다. 메뉴에서 '1. 입력하기'를 선택하면 나오는 화면이다.

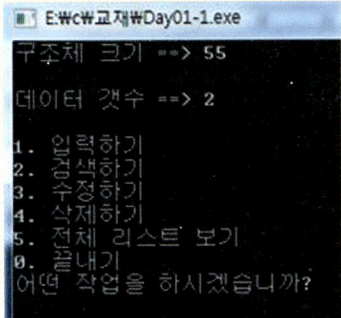

구조체의 크기, 데이터 개수, 전체 메뉴를 표시하는 화면

'2. 검색하기'를 누르면 나오는 화면이다.
조회하려는 번호를 입력하면 해당 번호의 이름, 전화번호, 주소를 출력하여 보여 준다.

'3. 수정하기'를 누르면 나오는 화면이다.
수정하려는 번호를 입력해서 해당 번호의 이름, 전화번호, 주소를 고치도록 나오면 다시 입력하면 된다.

'4. 삭제하기'를 누르면 나오는 화면이다.
삭제하려는 번호를 누르면 선택한 레코드가 삭제된다.

※ 참고 : 레코드란 자료의 행 단위를 말한다. 1명의 주소록이 1행에 저장되는데 이것을 레코드라 부른다.

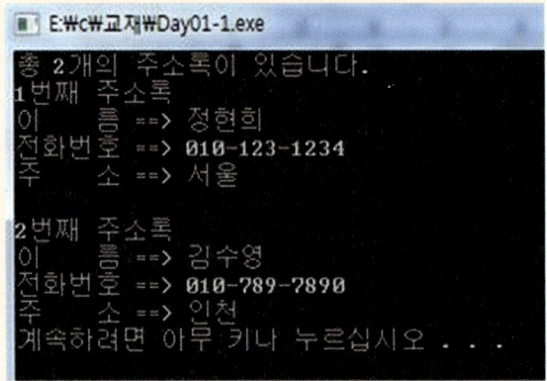

'5. 전체 리스트 보기'를 누르면 나오는 화면이다.
파일에 저장되어 있는 모든 자료(레코드)를 보여 준다.

0을 누르면 프로젝트가 끝난다.


· 코드 설명

#include <stdio.h>
#include <stdlib.h>
#include <string.h>
#include <process.h>

헤더 화면

<stdio.h> 기본 입출력문, <string.h> 문자열 처리,

<process.h> 시스템 명령(cls, pause)


#define SAVE_FILE "ADDR_BOOK.dat"

매크로 지정 #define

매크로명 SAVE_FILE

"ADDR_BOOK.dat"라는 파일을 SAVA_FILE이라는 이름으로 매크로를 지정한다. 즉, "ADDR_BOOK.dat"이라는 명칭으로 쓰는 것이 아니라 SAVE_FILE이라고 치환하여 사용한다는 뜻이다. 일종의 애칭이라고 생각하면 된다.

```
struct data {
        char dName[10];
        char dTel[15];
        char dAddr[30];
};
```

구조체를 선언한다. 데이터 설계 부분을 참조하여 코딩하면 된다.

```
void Input_data(int, struct data *);
void Search_data(int, struct data *);
void Modify_data(int, struct data *);
void Delete_data(int, struct data *);
void List_data(int, struct data *);
int Cnt_data(int);
```

void 리턴타입은 없다.

Input_data 입력하기를 처리하기 위한 함수명이다.

Search_data 검색하기를 처리하기 위한 함수명이다.

Modify_data 수정하기를 처리하기 위한 함수명이다.

Delete_data 삭제하기를 처리하기 위한 함수명이다.

List_data 전체 리스트를 처리하기 위한 함수명이다.

(int, struct data *) ; 매개변수 표시 2개로 정수형 1개, 구조체 포인터 변수 1개를 매개변수로 함수 호출할 때 받는다.

int Cnt_data(int) ; 레크드의 개수를 세어주는 함수로 리턴은 정수형이다.

```
void main(){
    char    select_Button;
    int     data_count;
    int size = sizeof(struct data); //구조체 사이즈를 구함
    struct  data  *Address_Book1; //1개로 사용될 구조체
    struct  data  *Address_Book2; //n개로 사용될 구조체
```

char select_Button 메뉴를 선택할 버튼을 문자형으로 선언한다.

int data_count 레코드의 개수를 정수형으로 선언한다.

int size = sizeof(struct data) 구조체 사이즈를 구한다.

struct data *Address_Book1 1개로 사용될 구조체 포인터 변수를 선언한다.

struct data *Address_Book2 n개로 사용될 구조체 포인터 변수를 선언한다.

```
while(1){
    data_count = Cnt_data(size);
    Address_Book1 = (struct data *)malloc(1*sizeof(struct data));
    Address_Book2 = (struct data *)malloc(data_count*sizeof(struct data));
    system("cls");
    printf("구조체 크기 ==> %d\n\n", size);
    printf("데이터 개수 ==> %d\n\n", data_count);
```

while(1) 종료하기를 입력할 때까지 무한 반복하기 위해서 반복문의 조건을 1로 쓴다.

data_count = Cnt_data(size); 구조체의 크기를 구하기 위해서 Cnt_data(size) 함수를 호출한다.

Address_Book1 = (struct data *)malloc(1*sizeof(struct data)); 동적할당인 malloc 함수를 이용하여 시작화면의 첫 레코드를 입력하기 위한 메모리를 동적으로 할당하고 주소를 Address_Book1에 넣는다.

**Address_Book2 = (struct data *)malloc(data_count*sizeof(struct data))** 동적할당인 malloc함수를 이용하여 기존에 입력된 자료 파일이 있는데 실행했을 경우 기존에 있는 자료파일(data_count)변수 크기를 구조체 사이즈 55(char dName[10]; char dTel[15]; char dAddr[30];)만큼 메모리를 할당한다.

**system("cls")** clear screen의 약자로 모니터 화면을 깨끗이 하는 시스템 명령이다 (#include <system.h>).

**printf("구조체 크기 ==> %d\n\n", size)** 구조체 크기를 화면에 출력한다.

**printf("데이터 개수 ==> %d\n\n", data_count)** 데이터의 개수, 즉 레코드의 개수를 화면에 출력한다.

```
if(data_count != 0){
        printf("1. 입력하기 \n");
        printf("2. 검색하기 \n");
        printf("3. 수정하기 \n");
        printf("4. 삭제하기 \n");
        printf("5. 전체 리스트 보기\n");
        printf("0. 끝내기\n");
        printf("어떤 작업을 하시겠습니까? ");
        scanf("%c", &select_Button);
    }else{
        select_Button = '1';
    }
```

만약에 data_count가 0이 아니라면, 즉 데이터가 있다면 0이 아닐 것이고 데이터가 없다면 0일 것이다.

프로젝트 처음 시작이면 data_count가 0이므로 select_Button변수에 1을 넣을 것이다. 그러지 않고 프로젝트를 사용했다면 '1. 입력하기, 2. 검색하기' 등의 메뉴를 표시하고 select_Button으로 하려는 번호를 입력받을 것이다.

```
if(select_Button == '1'){
        system("cls");
        Input_data(size, Address_Book1);
}else if(select_Button == '2'){
        if(data_count == 0){
                printf("검색에러 데이터가 없습니다.(UnderFlow)\n");
                system("pause");
        }else{
                system("cls");
                Search_data(size, Address_Book2);
        }
```

만약에 select_Button=='1'이면 system("cls") 기존의 화면을 지운다(clear screen). 그리고 Input_data함수로 호출한다. 매개변수로 size 구조체 크기 55, Address_Book1의 주소록 파일을 메모리에 올린 주소값을 가지고 입력하기를 처리하러 분기한다.

```
}else if(select_Button == '3'){
        if(data_count == 0){
                printf("수정 에러 데이터가 없습니다.(UnderFlow)\n");
                system("pause");
        }else{
                system("cls");
                Modify_data(size, Address_Book2);
        }
}else if(select_Button == '4'){
        if(data_count == 0){
                printf("삭제 에러 데이터가 없습니다.(UnderFlow)\n");
                system("pause");
        }else{
```

```
                    system("cls");
                    Delete_data(size, Address_Book2);
            }
    }else if(select_Button == '5'){
            if(data_count == 0){
                    printf("조회에러 데이터가 없습니다.(UnderFlow)\n");
                    system("pause");
            }else{
                    system("cls");
                    List_data(size, Address_Book2);
            }
    }else if(select_Button == '0'){
            break;
    }
}
```

- 선택버튼이 3이면 아래의 **if**문으로 간다. 그리고 수정할 데이터가 있는지를 판단한다. data_count가 0이면 수정할 데이터가 없다고 오류 메시지를 출력하고 일시정지한다.

- 선택버튼이 4면 아래의 **if**문으로 간다. 그리고 삭제할 데이터가 있는지를 판단한다. data_count가 0이면 삭제할 데이터가 없다고 오류 메시지를 출력하고 일시정지한다.

- 선택버튼이 5면 아래의 **if**문으로 간다. 그리고 조회할 데이터가 있는지를 판단한다. data_count가 0이면 조회할 데이터가 없다고 오류 메시지를 출력하고 일시정지한다.

- 선택버튼이 0이면 프로그램 종료를 선택했으므로 **break**문으로 메인함수를 빠져나가서 끝난다.

```
free(Address_Book1);
free(Address_Book2); }
```

프로젝트를 끝내기 전에 malloc함수로 메모리 할당 받은 것을 시스템에 반환한다. 시스템에 반환한다는 뜻은 메모리를 더 이상 사용하지 않으므로 다른 프로그램에서 이용하라고 하는 것이다. 그러므로 메모리를 절약하여 사용할 수 있다.

```
void Input_data(int size, struct data *Address_Book1){
    FILE *fsave;

    fflush(stdin);
    printf("\n 이    름[10자]  ==> ");  gets(Address_Book1->dName);
    printf("\n 전화번호[15자]  ==> ");  gets(Address_Book1->dTel);
    printf("\n 주    소[30자]  ==> ");  gets(Address_Book1->dAddr);

    if(strlen(Address_Book1->dName) < 1 || strlen(Address_Book1->dTel) < 1 || strlen(Address_Book1->dAddr) < 1){
        printf("이름 또는 전화번호 또는 주소 입력이 없어 주소록에 저장하지 않습니다.\n");
    }else{
        fsave = fopen(SAVE_FILE, "a+");
        fwrite(Address_Book1, size, 1, fsave);
        fclose(fsave);
    }

    system("pause");
}
```

- 입력하기 함수 부분으로 void Input_data(int size, struct data *Address_Book1){ 함수 호출하는 곳에서 size변수에 구조체크기 55와 Address_Book1의 메모리 주소를 전달해준 것을 받는다.

- **FILE *fsave;** fsave변수는 파일의 포인터 변수로 선언한다.

- **fflush(stdin);** 입력 버퍼의 내용을 비우는 데 많이 사용한다. 보통 scanf, fgets 등의 입력함수를 이용해 데이터를 입력받고 난 후 다음 데이터를 위해 사용하기 위한 코드이다.

- **printf("\n 이  름[10자] ==> "); gets(Address_Book1->dName);**
  **printf("\n 전화번호[15자] ==> "); gets(Address_Book1->dTel);**
  **printf("\n 주  소[30자] ==> "); gets(Address_Book1->dAddr);** 이름, 전화번호, 주소를 구조체 포인터 변수를 통해서 멤버에 접근하여 입력한다.

- **if(strlen(Address_Book1->dName) < 1 || strlen(Address_Book1->dTel) < 1 || strlen(Address_Book1->dAddr) < 1){** strlen의 함수는 문자열의 길이를 구하는 함수이다. 즉, Address_Book1->dName에 자료가 입력되었다면 데이터의 길이를 구한다. 최소 1글자면 1이 나올 것이다. 즉, 입력이 되지 않았다면 Address_Book1->dName) < 1이 참이 될 것이다. **||** '또는'을 의미한다. 이름이나 전화번호, 주소 중에 1개라도 입력이 되면 거짓이므로 else문으로 분기되고 그렇지 않고 이름, 전화번호, 주소 전부 입력이 안 되면 참이므로 '이름 또는 전화번호 또는 주소 입력이 없어 주소록에 저장하지 않습니다.'를 출력한다.

- **fsave = fopen(SAVE_FILE, "a+");** 자료가 입력되면 파일로 저장하기 위해 SAVE_FILE을 'a+' 추가로 쓰기 타입으로 열고 주소를 fsave 파일포인터 변수에 넣는다.

- **fwrite(Address_Book1, size, 1, fsave);** fwrite함수는 파일에 버퍼 내용을 쓰는 함수이다.

- **Address_Book1** 파일 내용에 출력할 메모리 포인터, **size** 데이터 하나의 크기, **1** '쓰기'할 데이터의 개수, **fsave** 대상 파일 스트림을 말한다.

```
void Search_data(int size, struct data *Address_Book2){
        int i;
        int sNum;
        int Cnt = Cnt_data(size);
        FILE *fload;

        printf("총 %d개의 주소록이 있습니다.\n", Cnt);
        printf("몇 번째 주소록을 조회하시겠습니까? ==> ");scanf("%d", &sNum);
        fload = fopen(SAVE_FILE, "r+");
        fread(Address_Book2, size, Cnt, fload);
        for(i=0; i<Cnt; i++){
                if(sNum-1 == i){
                        printf("\n%d번째 주소록\n", i+1);
                        printf("이    름 ==> %s\n", (Address_Book2+i)->dName);
                        printf("전화번호 ==> %s\n", (Address_Book2+i)->dTel);
                        printf("주    소 ==> %s\n", (Address_Book2+i)->dAddr);
                }
        }
        fclose(fload);

        system("pause");
}
```

- fload = fopen(SAVE_FILE, "r+"); 검색하기 위해서 기존의 파일을 읽기 전용으로 열어준다.

- fread(Address_Book2, size, Cnt, fload); <stdio.h> 헤더파일에서 지원하는 함수이다.

- fread() 함수는 입력 float에서 size 길이의 Cnt 항목까지 읽고, 지정된 Address_Book2에 저장한다. 파일의 위치는 읽은 바이트의 수만큼 증가한다.

```c
void Modify_data(int size, struct data *Address_Book2){
    int i;
    int sNum;
    int Cnt = Cnt_data(size);
    int temp=0;
    FILE *fsave;
    FILE *fload;

    printf("총 %d개의 주소록이 있습니다.\n", Cnt);
    printf("몇 번째 주소록을 수정하시겠습니까? ==> ");scanf("%d", &sNum);
    fload = fopen(SAVE_FILE, "r+");
    fread(Address_Book2, size, Cnt, fload);
    for(i=0; i<Cnt; i++){
        if(sNum-1 == i){
            printf("\n%d번째 주소록\n", i+1);
            fflush(stdin);
            printf("이    름 ==> ");gets((Address_Book2+i)->dName);
            printf("전화번호 ==> ");gets((Address_Book2+i)->dTel);
            printf("주    소 ==> ");gets((Address_Book2+i)->dAddr);
            if(strlen((Address_Book2+i)->dName) < 1 || strlen((Address_Book2+i)->dTel) < 1 || strlen((Address_Book2+i)->dAddr) < 1){
                temp++;
            }
        }
    }
    if(temp>0){
        printf("아무런 입력이 없어 주소록을 수정하지 않습니다.\n");
    }else{
        fsave = fopen(SAVE_FILE, "w+");
        fwrite(Address_Book2, size*Cnt, 1, fsave);
        fclose(fsave);
    }
    fclose(fload);
    system("pause");
}
```

수정하기 함수는 수정하려는 자료를 열어서 고친 것을 써주어야 하므로 파일을 열기에 필요한 포인터 변수 FILE *fsave; 쓰기에 필요한 포인터 변수로 FILE *fload; 를 선언한다.

fload = fopen(SAVE_FILE, "r+"); 파일을 읽기로 열어준다.

fread() 함수는 입력 float에서 size 길이의 Cnt 항목까지 읽고, 지정된 Address_Book2에 저장한다. 파일의 위치는 읽은 바이트의 수만큼 증가한다.

```
void Delete_data(int size, struct data *Address_Book2){
        int i, j=0;
        int sNum;
        char cYN;
        int Cnt = Cnt_data(size);
        FILE *fsave;
        FILE *fload;

        printf("총 %d개의 주소록이 있습니다.\n", Cnt);

        if(Cnt == 1){  ──────────────>  ①번 설명
                printf("1개의 주소록만 존재하므로 삭제가 불가능합니다.\n");
                fflush(stdin);
                printf("모두 삭제하시겠습니까?(Y/N)");      cYN = getchar();
                if(cYN == 'Y' || cYN == 'y'){
                        _unlink(SAVE_FILE);
                }else{
                        printf("취소되었습니다.");
                }
        }else{  ──────────────>  ②번 설명
                while(1){
                        printf("몇 번째 주소록을 삭제하시겠습니까? ");scanf("%d", &sNum);
                        if(sNum <= Cnt)break;
                }
                fload = fopen(SAVE_FILE, "r+");
```

```
                fread(Address_Book2, size, Cnt, fload);
                for(i=0; i<Cnt; i++){
                        if(i != sNum-1){  -------------------> ③번 설명
                                if(j==0)   fsave = fopen(SAVE_FILE, "w+");
                                else       fsave = fopen(SAVE_FILE, "a+");
                                fwrite(Address_Book2+i, size, 1, fsave);
                                fclose(fsave);
                                j++;
                        }
                }
                printf("선택하신 레코드가 삭제되었습니다.\n");
                fclose(fload);
        }
        system("pause");
}
```

① 만약에 레코드가 1개밖에 없다면 1개의 주소록만 있으므로 삭제할 수 없고 모두 삭제 여부를 묻는다. 'y'를 입력하면 SAVA_FILE 파일의 링크를 제거한다 (_unlink(SAVE_FILE)).

② 그렇지 않다면 여러 개의 주소록 중에서 삭제하려는 주소록의 해당 번호를 물어 본다.

③ sNum-1은 '몇 번째 주소록을 삭제하시겠습니까?'에 2라고 입력했다면 실제 레코드는 1번이다. 왜냐하면 컴퓨터의 인덱스번호는 0번부터 시작된다. 그러므로 2라고 입력하면 1번 인덱스된 레코드는 삭제된다. j변수는 초깃값이 0이다. 그러므로 if(j==0)라는 조건문은 처음일 때만 참이므로 fsave = fopen(SAVE_FILE, "w+");이다. "w+"속성의 의미는 파일이 없으면 만들고 있으면 쓰기(write) 파일로 연다는 뜻이다. 나머지는 j++가 되어 2번째 if(j==0)는 거짓이 되어서 fsave = fopen(SAVE_FILE, "a+"); "a+" 속성은 추가라는 의미이며 기존 파일에 추가시키는 방법으로 파일을 연다.

```c
void List_data(int size, struct data *Address_Book2){
    int i;
    int Cnt = Cnt_data(size);
    FILE *fload;

    printf("총 %d개의 주소록이 있습니다.", Cnt);
    fload = fopen(SAVE_FILE, "r+");
    fread(Address_Book2, size, Cnt, fload);
    for(i=0; i<Cnt; i++){
            printf("\n%d번째 주소록\n", i+1);
            printf("이    름 ==> %s\n", (Address_Book2+i)->dName);
            printf("전화번호 ==> %s\n", (Address_Book2+i)->dTel);
            printf("주    소 ==> %s\n", (Address_Book2+i)->dAddr);
    }
    fclose(fload);

    system("pause");
}
```

전체 레코드를 출력하는 부분이다. 파일을 읽기 전용으로 열고, Cnt 레코드 수만큼 반복해서 출력해 준다.

```
int Cnt_data(int size){
    int Cnt;
    FILE *fload;

    fload = fopen(SAVE_FILE, "r");
    if(fload == NULL){ ------------> ①번 설명
        Cnt = 0;
    }else{
        fseek(fload, -1 , SEEK_END); --------> ②번 설명
        Cnt = (ftell(fload)/size)+1; ----------> ③번 설명
        fclose(fload);
    }

    return Cnt;
}
```

① SAVA_FILE을 읽기로 열었는데 레코드가 없으면 NULL(공백)을 fload에 넣는다. 레코드가 없으므로 Cnt변수에 0을 넣는다.

② fseek() 함수는 fopen으로 호출된 파일에서의 현재 위치를 이동시킬 수 있는 함수이다.

- fseek(파일포인터, 이동할 거리, 기준옵션)
- 일의 위치는 기준 옵션에 따라 앞으로 또는 뒤로 읽기/쓰기 위치로 건너뛴다.
- 기준 옵션은 SEEK_SET 파일의 시작, SEEK_CUR 현재 읽기/쓰기 포인터 위치, SEEK_END 파일의 끝
- fseek(fload, -1, SEEK_END) 호출된 float 파일의 끝 위치에서 -1번씩 위치하면 이동시켜 준다.

③ 파일을 읽거나 쓰면서 이동하는 현재 위치를 반환한다.

· 프로젝트 전체 소스

```c
#include <stdio.h>
#include <stdlib.h>
#include <string.h>
#include <process.h>

#define SAVE_FILE "ADDR_BOOK.dat"

struct data {
        char dName[10];
        char dTel[15];
        char dAddr[30];
};


void Input_data(int, struct data *);
void Search_data(int, struct data *);
void Modify_data(int, struct data *);
void Delete_data(int, struct data *);
void List_data(int, struct data *);

int Cnt_data(int);

void main(){
        char select_Button;//메뉴를 선택할 버튼
        int   data_count;//데이터의 개수
        int size = sizeof(struct data);//구조체 사이즈를 구함
        struct data *Address_Book1;    //1개로 사용될 구조체
```

```c
struct data *Address_Book2;    //n개로 사용될 구조체


while(1){ //무한 반복함
        //데이터 개수 가져오기
        data_count = Cnt_data(size);
        Address_Book1 = (struct data *)malloc(1*sizeof(struct data));
        Address_Book2 = (struct data *)malloc(data_count*sizeof(struct data));
        system("cls");
        printf("구조체 크기 ==> %d\n\n", size);
        printf("데이터 개수 ==> %d\n\n", data_count);

        if(data_count != 0){
                printf("1. 입력하기 \n");
                printf("2. 검색하기 \n");
                printf("3. 수정하기 \n");
                printf("4. 삭제하기 \n");
                printf("5. 전체 리스트 보기\n");
                printf("0. 끝내기\n");
                printf("어떤 작업을 하시겠습니까? ");
                scanf("%c", &select_Button);
        }else{
                select_Button = '1';
        }
        if(select_Button == '1'){
                system("cls");
                Input_data(size, Address_Book1);
        }else if(select_Button == '2'){
                if(data_count == 0){
```

```c
                    printf("검색에러 데이터가 없습니다.(UnderFlow)\n");
                    system("pause");
            }else{
                    system("cls");
                    Search_data(size, Address_Book2);
            }
    }else if(select_Button == '3'){
            if(data_count == 0){
                    printf("수정 에러 데이터가 없습니다.(UnderFlow)\n");
                    system("pause");
            }else{
                    system("cls");
                    Modify_data(size, Address_Book2);
            }
    }else if(select_Button == '4'){
            if(data_count == 0){
                    printf("삭제 에러 데이터가 없습니다.(UnderFlow)\n");
                    system("pause");
            }else{
                    system("cls");
                    Delete_data(size, Address_Book2);
            }
    }else if(select_Button == '5'){
            if(data_count == 0){
                    printf("조회에러 데이터가 없습니다.(UnderFlow)\n");
                    system("pause");
            }else{
                    system("cls");
```

```c
                    List_data(size, Address_Book2);
            }
        }else if(select_Button == '0'){
            break;
        }
    }

    free(Address_Book1);
    free(Address_Book2);
}

void Input_data(int size, struct data *Address_Book1){
    FILE *fsave;

    fflush(stdin);
    printf("\n 이    름[10자] ==> ");gets(Address_Book1->dName);
    printf("\n 전화번호[15자] ==> ");gets(Address_Book1->dTel);
    printf("\n 주    소[30자] ==> ");gets(Address_Book1->dAddr);

    if(strlen(Address_Book1->dName) < 1 || strlen(Address_Book1->dTel) < 1 || strlen(Address_Book1->dAddr) < 1){
        printf("이름 또는 전화번호 또는 주소 입력이 없어 주소록에 저장하지 않습니다.\n");
    }else{
        fsave = fopen(SAVE_FILE, "a+");
        fwrite(Address_Book1, size, 1, fsave);
        fclose(fsave);
    }
```

```c
        system("pause");
}

void Search_data(int size, struct data *Address_Book2){
        int i;
        int sNum;
        int Cnt = Cnt_data(size);
        FILE *fload;


        printf("총 %d개의 주소록이 있습니다.\n", Cnt);
        printf("몇 번째 주소록을 조회하시겠습니까? ==> ");scanf("%d", &sNum);
        fload = fopen(SAVE_FILE, "r+");
        fread(Address_Book2, size, Cnt, fload);
        for(i=0; i<Cnt; i++){
                if(sNum-1 == i){
                        printf("\n%d번째 주소록\n", i+1);
                        printf("이    름 ==> %s\n", (Address_Book2+i)->dName);
                        printf("전화번호 ==> %s\n", (Address_Book2+i)->dTel);
                        printf("주    소 ==> %s\n", (Address_Book2+i)->dAddr);
                }
        }
        fclose(fload);


        system("pause");
}

void Modify_data(int size, struct data *Address_Book2){
```

```
           int i;
           int sNum;
           int Cnt = Cnt_data(size);
           int temp=0;
           FILE *fsave;
           FILE *fload;

           printf("총 %d개의 주소록이 있습니다.\n", Cnt);
           printf("몇 번째 주소록을 수정하시겠습니까? ==> ");scanf("%d", &sNum);
           fload = fopen(SAVE_FILE, "r+");
           fread(Address_Book2, size, Cnt, fload);
           for(i=0; i<Cnt; i++){
                   if(sNum-1 == i){
                           printf("\n%d번째 주소록\n", i+1);
                           fflush(stdin);
                           printf("이    름 ==> ");gets((Address_Book2+i)->dName);
                           printf("전화번호 ==> ");gets((Address_Book2+i)->dTel);
                           printf("주    소 ==> ");gets((Address_Book2+i)->dAddr);
                           if(strlen((Address_Book2+i)->dName) < 1 || strlen((Address_Book2+i)->dTel) < 1 || strlen((Address_Book2+i)->dAddr) < 1){
                                   temp++;
                           }
                   }
           }

           if(temp>0){
                   printf("아무런 입력이 없어 주소록을 수정하지 않습니다.\n");
           }else{
```

```
            fsave = fopen(SAVE_FILE, "w+");
            fwrite(Address_Book2, size*Cnt, 1, fsave);
            fclose(fsave);
    }


    fclose(fload);


    system("pause");


}



void Delete_data(int size, struct data *Address_Book2){
    int i, j=0;
    int sNum;
    char cYN;
    int Cnt = Cnt_data(size);
    FILE *fsave;
    FILE *fload;


    printf("총 %d개의 주소록이 있습니다.\n", Cnt);

    if(Cnt == 1){
        printf("1개의 주소록만 존재하므로 삭제가 불가능합니다.\n");
        fflush(stdin);
        printf("모두 삭제하시겠습니까?(Y/N)");cYN = getchar();
        if(cYN == 'Y' || cYN == 'y'){
            _unlink(SAVE_FILE);
        }else{
```

```
                    printf("취소되었습니다.");
            }
        }else{

            while(1){
                    printf("몇 번째 주소록을 삭제하시겠습니까? ");   scanf("%d", &sNum);
                    if(sNum <= Cnt)break;
            }
            fload = fopen(SAVE_FILE, "r+");
            fread(Address_Book2, size, Cnt, fload);
            for(i=0; i<Cnt; i++){
                    if(i != sNum-1){
                            if(j==0)fsave = fopen(SAVE_FILE, "w+");
                            else    fsave = fopen(SAVE_FILE, "a+");
                            fwrite(Address_Book2+i, size, 1, fsave);
                            fclose(fsave);
                            j++;
                    }
            }
            printf("선택하신 레코드가 삭제되었습니다.\n");
            fclose(fload);
        }
        system("pause");
}
void List_data(int size, struct data *Address_Book2){
        int i;
        int Cnt = Cnt_data(size);
        FILE *fload;
```

```
            printf("총 %d개의 주소록이 있습니다.", Cnt);
            fload = fopen(SAVE_FILE, "r+");
            fread(Address_Book2, size, Cnt, fload);
            for(i=0; i<Cnt; i++){
                    printf("\n%d번째 주소록\n", i+1);
                    printf("이    름 ==> %s\n", (Address_Book2+i)->dName);
                    printf("전화번호 ==> %s\n", (Address_Book2+i)->dTel);
                    printf("주    소 ==> %s\n", (Address_Book2+i)->dAddr);
            }
            fclose(fload);


            system("pause");
}


int Cnt_data(int size){
        int Cnt;
        FILE *fload;


        fload = fopen(SAVE_FILE, "r");
        if(fload == NULL){
                Cnt = 0;
        }else{
                fseek(fload, -1 , SEEK_END);
                Cnt = (ftell(fload)/size)+1;
                fclose(fload);
        }
        return Cnt;
}
```

# 크라운출판사 ICT 도서 안내

### 빅데이터 기획 및 분석

주해종·김혜선·김형로 공저
정가 25,000원

## 첨단 ICT 융합시대의 빅데이터 기술 분석서

1. 다양한 종류의 대규모 데이터를 생성, 수집, 분석, 표현하는 빅데이터 기술 소개
2. 현대사회를 더욱 정확하게 예측하여 개인화된 현대 사회 구성원에게 맞춤형 정보를 제공

I/O 편집부 저 / 엄예선 역
정가 15,000원

## 4차 산업의 총아 인공지능

1. 빅데이터 활용을 총괄하는 인공지능 연구
2. 인공지능의 역사, 정의, 활용 소개

원종서 · 이원석 · 허상훈 · 유후용 공저
정가 20,000원

**가상 · 증강 현실을 활용한 구체적 사업화 전략과 풍부한 실제 사례를 담다!**

1. 산업 분야별 활용 사례를 담고, 사업 기획부터 개발, 업무 구현까지 전 프로세스를 체계적이고 명쾌하게 정리
2. 가상 · 증강 현실 기술 및 콘텐츠 설계 메커니즘 수록

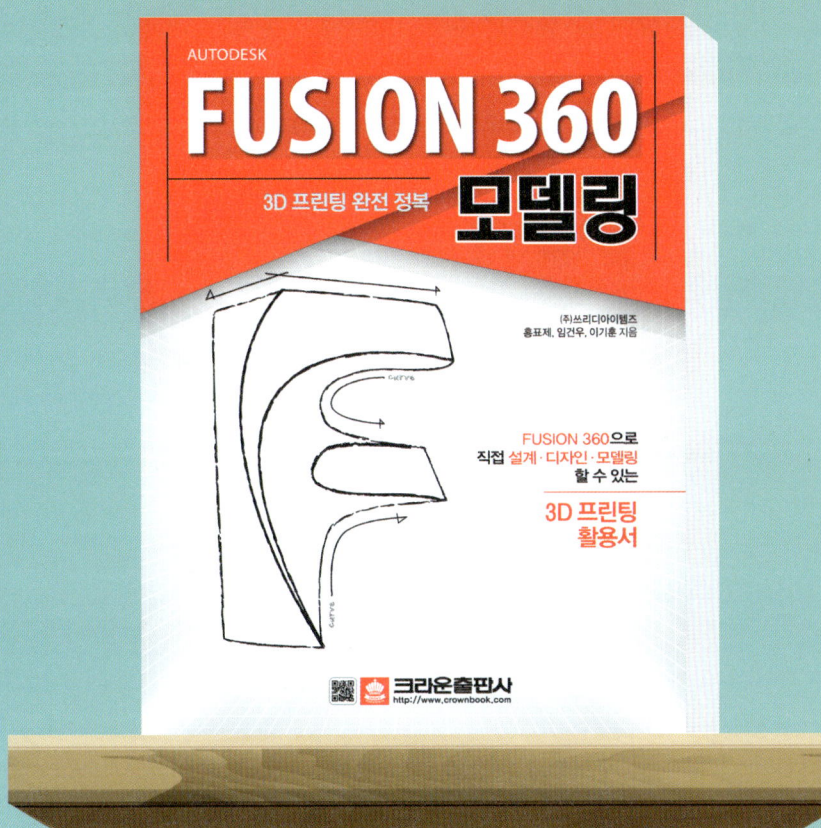

홍표제 · 임건우 · 이기훈 공저
정가 26,000원

**FUSION 360 작업 환경의 다양한 예제를 통한 3D 프린팅 완전 정복**

1. Fusion 360으로 직접 설계 · 디자인 · 모델링 할 수 있도록 한 3D 프린팅 활용서
2. 3D 프린팅 동향, 모델링, 스캐닝 등 전문지식 수록

# 알기 쉬운 스크래치
## C코딩

| | |
|---|---|
| 발 행 일 | 2018년 1월 5일 초판 1쇄 인쇄<br>2018년 1월 10일 초판 1쇄 발행 |
| 저 자 | 정현희 |
| 발 행 처 |  <br>http://www.crownbook.com |
| 발 행 인 | 이상원 |
| 신고번호 | 제 300-2007-143호 |
| 주 소 | 서울시 종로구 율곡로13길 21 |
| 대표전화 | 02) 745-0311~3 |
| 팩 스 | 02) 766-3000 |
| 홈페이지 | www.crownbook.com |
| I S B N | 978-89-406-3527-8 /13560 |

**특별판매정가 20,000원**

이 도서의 판권은 크라운출판사에 있으며, 수록된 내용은 무단으로 복제, 변형하여 사용할 수 없습니다.
Copyright CROWN, ⓒ 2018 Printed in Korea

이 도서의 문의를 편집부(02-6430-7012)로 연락주시면 친절하게 응답해 드립니다.